LÍDER,
UM ESPECIALISTA NO
IMPOSSÍVEL

LEONARD FARAH

LÍDER,
UM ESPECIALISTA NO
IMPOSSÍVEL

Histórias reais, estudos e técnicas de liderança que já ajudaram muitas pessoas comuns a realizar **coisas extraordinárias**

Com depoimentos de grandes líderes de diversas áreas:

Monja Coen | Mônica de Sousa | Claude Troisgros | Maestro João Carlos Martins
Celso Athayde | Oscar Schmidt | José Felipe Carneiro | Coronel Golan Vach

VESTÍGIO

Copyright © 2020 Leonard Farah

Todos os direitos reservados pela Editora Vestígio. Nenhuma parte desta publicação poderá ser reproduzida, seja por meios mecânicos, eletrônicos, seja via cópia xerográfica, sem a autorização prévia da Editora.

EDITOR RESPONSÁVEL
Arnaud Vin

EDIÇÃO E PREPARAÇÃO DE TEXTO
Eduardo Soares

REVISÃO
Bruna Emanuele Fernandes
Júlia Sousa

CAPA
Diogo Droschi
(Sobre fotografia de Roberto Benatti)

DIAGRAMAÇÃO
Guilherme Fagundes

Dados Internacionais de Catalogação na Publicação (CIP)
Câmara Brasileira do Livro, SP, Brasil

Farah, Leonard
Líder, um especialista no impossível : histórias reais, estudos e técnicas de liderança que já ajudaram muitas pessoas comuns a realizar coisas extraordinárias / Leonard Farah. -- São Paulo : Vestígio, 2020.

ISBN 978-65-8655-112-9

1. Conduta de vida 2. Liderança 3. Realização pessoal 4. Motivação no trabalho. 5. Administração de pessoa. 6. Relatos pessoais 7. Corpo de Bombeiros Militar de Minas Gerais I. Título.

20-47523   CDD-808.882

Índices para catálogo sistemático:
1. Desenvolvimento pessoal : Liderança : Conduta de vida :
Literatura 808.882

Cibele Maria Dias - Bibliotecária - CRB-8/9427

A **VESTÍGIO** É UMA EDITORA DO **GRUPO AUTÊNTICA**

São Paulo
Av. Paulista, 2.073, Conjunto Nacional,
Horsa I . 23º andar . Conj. 2310-2312
Cerqueira César . 01311-940 São Paulo . SP
Tel.: (55 11) 3034 4468

Belo Horizonte
Rua Carlos Turner, 420
Silveira . 31140-520
Belo Horizonte . MG
Tel.: (55 31) 3465 4500

www.editoravestigio.com.br

— Quem estará com você nas trincheiras?
— E isso importa?
— Mais do que a própria guerra.

Ernest Hemingway

9	Agradecimentos
11	QR Code
13	Apresentação
17	Convidados – Monja Coen
21	Um líder de verdade
31	A fórmula (que não existe)
59	Convidados – Mônica de Sousa
63	A química (que existe)
91	Convidados – Claude Troisgros
93	Pronto para decidir
133	Autodiscipline-se
145	Convidados – Maestro João Carlos Martins
149	Aprenda a se conectar
157	Convidados – Celso Athayde
161	Como transformar um grupo de pessoas comuns em uma equipe extraordinária
185	Convidados – Oscar Schmidt
195	A gente faz aquilo que treina para fazer
221	Convidados – José Felipe Carneiro
223	O maior inimigo do líder
231	Alguns mandamentos
251	Convidados – Coronel Golan Vach
255	Siga seu coração
263	Epílogo: O vírus, a pandemia e o ônibus na neblina

AGRADECIMENTOS

A DEUS, meu líder máximo, que sempre me acompanha e me orienta, fazendo com que eu ouça meu coração, mesmo com todas as técnicas da razão.

A Renata, Davi e Theo, minha equipe preferida para todo tipo de operação e para a qual volto depois de cada uma delas.

Aos meus pais e irmãos, por serem eternos torcedores das minhas jornadas.

Ao meu Amigo (com A maiúsculo) Fernando, por ser minha dupla na busca por ajudar pessoas através de experiências reais e histórias inspiradoras.

Aos homens incríveis e às mulheres fantásticas que conheci, acompanhei e liderei no Corpo de Bombeiros Militar de Minas Gerais, que, entre muitos ensinamentos, me provaram que um bom líder é aquele que pode até se tornar dispensável, pois deixa a certeza de que a missão será cumprida.

A todos(as) os(as) líderes generosos(as) que cederam seus conhecimentos e compartilharam textos para que ampliássemos a visão sobre a liderança em outras áreas, tornando-se, assim, bombeiros de espírito, ao se colocarem sempre dispostos a ajudar.

E agradeço também a todos os chefes – bons e maus líderes – que tive na minha carreira. Por diferentes razões, eles são parte da minha dedicação a esses estudos e da minha decisão de compartilhar conhecimentos, técnicas e experiências práticas por meio deste livro, das minhas palestras e dos meus cursos. Dessa forma, muitas pessoas descobrirão que, às vezes, o motivo de não terem cumprido determinada missão pode estar naqueles que não se preocupam verdadeiramente em inspirar, direcionar ou ajudar os outros a mudar o mundo.

Belo Horizonte,
Novembro de 2020

QR CODE

Cada capítulo deste livro contém QR Codes que dão acesso a conteúdos complementares relacionados a temas, citações, referências e outras inspirações apresentadas.

Para acessá-los, basta apontar a câmera de um smartphone ou tablet para identificar o link. Segue um exemplo abaixo:

Além da lama
Editora Vestígio

O link acima deve direcionar o leitor para a página do livro *Além da lama*, no site da Editora Vestígio.

Os conteúdos complementares, principalmente no formato audiovisual, estão disponíveis em plataformas on-line de terceiros, como o YouTube. Dessa forma, a responsabilidade e todos os direitos pertencem a essas plataformas ou àqueles que os publicaram e podem decidir por retirá-los ou substituí-los a qualquer tempo. Sendo assim, esses conteúdos também não devem ser utilizados comercialmente ou de maneira que cause qualquer prejuízo aos responsáveis.

Alguns vídeos estão em outro idioma, como o inglês, sendo possível ativar a legenda com a tradução para aqueles que oferecem esse recurso.

Por fim, os conteúdos complementares, como o nome já diz, têm como objetivo proporcionar o aprofundamento de alguns pontos que apresento neste livro, além de gerar reflexão e trazer novas visões sobre os temas. Afinal, saber ouvir, ver, ler e beber de novas fontes traz oportunidades de aprendizado para qualquer pessoa, principalmente para os bons líderes.

APRESENTAÇÃO

Fernando Queiroz
Agente e amigo

Leonard Farah é capitão do Corpo de Bombeiros Militar de Minas Gerais.

Mesmo para aqueles que não estão familiarizados com as patentes e a estrutura militar, é possível imaginar que um capitão faça parte de uma corporação organizada pela hierarquia, que comande uma tropa e saiba liderar. A responsabilidade desse oficial requer conhecimentos e vivências que permitam a ele conquistar e manter a confiança de sua equipe, principalmente quando estiver à frente de grandes desastres com potencial de impactar para sempre a vida de pessoas.

Farah era responsável pela Companhia Especial de Busca e Salvamento, e foi acionado imediatamente após os rompimentos das barragens de Mariana, em 2015, e de Brumadinho, em 2019. Além disso, esteve com uma tropa em Moçambique, na África, também em 2019, durante a passagem de dois ciclones que devastaram o país. Existem muitas outras operações com menor notoriedade pública, mas que certamente ficaram marcadas como alguns dos momentos mais importantes na vida das pessoas envolvidas nessas ocorrências, inclusive na do capitão Farah e dos homens e mulheres de sua equipe, que tiveram a "sorte" de estar lá para fazer o que mais sabem: ajudar.

Algumas dessas histórias e outras ações relacionadas aos bombeiros, a outros militares e também a casos reais e fictícios serão apresentadas aqui como uma forma de ilustrar e exemplificar o que o autor entende, vivencia diariamente e compartilha, de muitas maneiras, sobre o papel de um verdadeiro líder.

A proposta deste livro não é ser mais um guia que oferece as "*dez regras milagrosas*", criadas por algum guru, para indicar aos líderes de empresas o único caminho para o sucesso. Já existem muitos conteúdos propostos por profissionais competentes e por estudiosos, alguns que até mesmo nunca lideraram algo de fato e buscam referências justamente nas experiências de terceiros. Por isso, Farah decidiu reunir vários de seus aprendizados práticos e histórias reais, complementando-os com sua formação e seus estudos sobre gestão de desastres, além de algumas narrativas de ficção que também abordam conceitos de liderança, como filmes de relatos de guerra e, claro, operações militares. Como uma das funções mais importantes de um verdadeiro líder é ajudar pessoas a serem melhores do que ele próprio, este livro, as palestras e os cursos que Farah realiza para organizações, empresas de diferentes segmentos, jovens estudantes e outros públicos, fazem parte de um processo natural e intrínseco à sua carreira.

A ideia principal do que vem a seguir não é fazer com que os líderes apliquem em suas relações e em seus negócios o modelo militar, que será aqui amplamente exposto, por motivos óbvios. As propostas descritas podem ser aplicadas por líderes que atuam em diferentes níveis e áreas. Não servem apenas para o CEO que, por meio de metodologias próprias ou de terceiros, alcançou uma posição de liderança. Servem para diretores, gerentes, supervisores, duplas e até autônomos que, de certa forma, precisam liderar processos internos e coordenar uma equipe de fornecedores, distribuidores e promotores de sua atividade. Funcionam para ONGs e instituições que lidam com diferentes causas e precisam motivar o voluntariado. Trazem um conteúdo que permite engrandecer o trabalho do professor, afinal este é um grande líder que ensina, conduz e inspira diversos grupos de pessoas que podem transformar o mundo. Vou ainda mais longe:

muito do que está descrito aqui vale para ser aplicado na vida pessoal de qualquer um. Empatia, propósito, tomada de decisão, superação de desafios... Tudo isso faz parte da realidade de qualquer ser humano, seja ele um grande empresário, um pai, uma mãe, seja um estudante em busca de um lugar ao sol. Além de envolver a todos com suas histórias curiosas e emocionantes, a leitura deste livro é uma forma de adquirir conhecimentos para melhorar a performance das relações entre pessoas e também delas com o mundo.

Esta obra também conta a com a generosidade de personalidades relevantes que atuam em outros segmentos. São importantes lideranças relacionadas à religião, ao esporte, à música, à gastronomia, à indústria, às comunidades e até ao fantástico universo infantil. Esses convidados revelam um pouco de suas trajetórias, compartilham alguns conselhos e proporcionam uma visão ainda mais ampla para orientar profissionais que já estão bem posicionados no mercado de trabalho, mas, principalmente, ajudam a inspirar todos aqueles que buscam uma forma de transformar vidas.

Mas, voltando ao ponto principal, por que um bombeiro militar poderia revelar algo que ainda não foi falado ou descrito por tantos especialistas em liderança que trabalham há muitos anos para grandes empresas?

Justamente porque Farah não é um agente que formou suas convicções apenas dentro do mundo dos negócios. As histórias reais e as práticas de um militar com ampla atuação em buscas, salvamentos e gestão de desastres causam até certa perplexidade e podem trazer uma nova visão, sem vícios de mercado, sobre a forma como a liderança pode ser praticada, bem como inspirar o surgimento de novos líderes. O bombeiro militar não tem que lidar diariamente com sócios e acionistas que querem salvar um negócio. Ele precisa cuidar das cobranças de pessoas que o veem como a única esperança delas no momento mais difícil de suas vidas. O bombeiro não precisa dominar estratégias de vendas de produtos ou serviços, nem lidar com balanços de lucros e perdas. Ele elabora planos de resgate e administra expectativas, esperanças e, aqui uma coincidência, também lida com perdas. Afinal, essa é uma das razões para um bombeiro existir: evitar ou minimizar perdas, principalmente aquelas que não têm volta. Para isso, esses homens e mulheres de farda buscam se superar, assumem grandes riscos e lideram, seja numa enchente durante uma forte tempestade, no calor intenso do fogo que consome uma floresta, no olho de um furacão que derruba grandes prédios, seja atolados de lama até o pescoço. Eles sempre estão lá, naqueles momentos em que todo mundo olha e pensa ser impossível.

Além de ser capitão de uma corporação que eu admiro e respeito, Leonard Farah, o Léo, é um grande amigo, que tem um coração enorme e que carrega muitas experiências reais e conhecimentos importantes que podem transformar vidas. Ele mesmo diz que um bom líder não se faz sozinho, pois precisa de outras pessoas para cumprirem juntos uma missão. Assim eu entrei na sua equipe, para que ele possa continuar ajudando, inspirando e fazendo surgir muitos outros Especialistas no Impossível.

CONVIDADOS

MONJA COEN
Líder religiosa

Quando iniciei minhas práticas meditativas, eu não sabia exatamente aonde isso me levaria. Comecei a rever minha vida, coisas da infância, da adolescência, da juventude, e tudo voltava à superfície da consciência durante os momentos de Zazen – a meditação sentada.

Era intenso. E, ao mesmo tempo, reconfortante. Não porque tudo tivesse sido agradável, mas por saber que tudo fazia parte da tapeçaria da minha vida. Nada a ser descartado, nada a me apegar. Como se um desenho houvesse sido tecido através de linhas coloridas. Havia trechos confusos, linhas soltas. Havia trechos em que o avesso e o direito estavam igualmente perfeitos.

Quando pratiquei no Mosteiro Feminino de Nagoia, no Japão, ouvi minha superiora dizer: "O avesso precisa ser tão bonito quanto o direito".

Ensinamento simples e importante. Como você se comporta quando ninguém está vendo você?

Comecei a me observar em profundidade. Pude ver meus erros, faltas, impaciências e atitudes que eu pensava já ter superado. Não desisti. Conhecer a si mesmo é uma tarefa difícil. Exige paciência, resiliência, confiança e força. Criamos imagens e personagens para nós mesmos. Apenas em momentos extremos poderemos saber se estamos realmente preparadas para viver e colocar em prática os ensinamentos sagrados.

Um texto antigo, do século XIII, do Mestre Eihei Dogen (1200-1253), dizia que a compaixão deve ser tão livre e espontânea como pegar o travesseiro à noite, quando se está dormindo.

Não há nada extra. Não há uma pessoa ali se exibindo e sendo boa. É ser adequada às circunstâncias. Não apenas para o seu bem-estar e saúde física, mental e social. É ir além do próprio eu pessoal para beneficiar o maior número de seres.

Fui convidada a escrever algumas palavras neste livro extraordinário de um ser humano que escolheu ser bombeiro. Um ser humano que escolheu o outro como objeto em sua sabedoria e compaixão. Não é arriscar-se desnecessariamente, mas ir em direção ao local de onde todos estão fugindo, com o máximo de segurança possível, incluindo a si e seus parceiros. Para isso, é preciso ter muito controle sobre si mesmo. É preciso ter a visão clara e tomar decisões rápidas, sem medo. É como pegar o travesseiro à noite, quando ele cai. Não há um eu fazendo. Há uma ação adequada, sem intenção e absolutamente intencionada.

Assim é o Zen.

Desde meus 28 anos de idade me dedico à procura de mim mesma, da essência da vida e da morte. Descobri que práticas meditativas são elementos fundamentais para transformações sociais, políticas e econômicas. Quando nos percebemos interligados a tudo e a todos, passamos a cuidar com mais respeito e sabedoria.

Sabedoria apenas não é suficiente. Compaixão é sua parceira.

Assim, com visão clara e decisões rápidas, podemos cuidar com mais ternura ao salvar vidas, encontrar corpos, aliviar dores e sofrimentos. Existe alguma alegria maior do que livrar alguém do sofrimento, da dor, do medo, do abandono?

Assim, trabalhamos em campos diferentes. Os bombeiros, no fogo, na água, nas catástrofes naturais ou nos resultantes de descuidos humanos – alguns causados pela ganância, raiva e ignorância.

Meu trabalho é fazer com que os seres humanos despertem e percebam que esses sentimentos são os três venenos que nos impedem de sermos altruístas e de cuidar da vida em todas as suas manifestações. Mas não faço quase nada. Ensino as pessoas a se sentar em silêncio e olhar em profundidade, a fim de perceber o quanto os três venenos podem modificar a nossa maneira de ser. Eles são contagiosos e podem se tornar uma pandemia – assim como a do coronavírus. Enquanto escrevo, estamos apenas iniciando no conhecimento desse vírus e não sabemos exatamente como ele irá se comportar no Brasil, na América do Sul, Central e do Norte. Acompanhamos o desenvolvimento do contágio, que se iniciou na China, passando pela Europa, espalhando-se por Índia, África... O mundo todo contaminado, o mundo todo parando por causa de uma molécula de proteína coberta de gordura. Mínima, invisível, contagiosa e letal.

Ainda não temos um sistema de cura confirmado, não sabemos exatamente quais remédios e em quais doses aplicar. A vacina ainda está sendo desenvolvida. Enquanto isso, vemos pessoas sendo contaminadas, caindo doentes, hospitais lotados, pacientes morrendo, e, em alguns países, não há como recolher os mortos, nem para onde levar os corpos. Ao mesmo tempo, o vírus torna visível o que muitos tentaram esquecer: somos uma única espécie, uma única família – a humana. E estamos todos interconectados. O vírus desconhece fronteiras e barreiras. Espalha-se com uma rapidez inacreditável, em curvas exponenciais. A ganância, a raiva e a ignorância também são extremamente contagiosas, e podem se espalhar com a mesma facilidade.

O que fazer? Quanto ao vírus, nos pedem que fiquemos em casa. Há quem ouça e assim o faça. Há quem considere isso desnecessário, e pode contagiar ou ser contagiado, sem nenhum sintoma aparente.

O mesmo acontece com os sentimentos de ganância, raiva e ignorância. A pessoa não percebe os sintomas, mas os carrega em si e os transmite por onde passa. Apenas as pessoas que estejam devidamente protegidas, sabendo que é importante manter distância e se autorregenerar com os antídotos conhecidos, sairão ilesas.

Para a ganância, a caridade, a solidariedade, o partilhar.

Para a raiva, a compreensão, a compaixão, o bem querer.

Para a ignorância, o antídoto é a sabedoria.

Sabedoria é entender a realidade e agir de forma adequada para o benefício de todos os seres.

Assim agem os bombeiros. Assim se manifestam os heróis e as heroínas. Sem expectativas de recompensas – apenas a de minimizar dores e sofrimentos, e libertar, salvar o maior número de seres.

Quando formos capazes de colocar a saúde e a educação como prioridades, o mundo será melhor.

Para isso eu vivo.

Mãos em prece.

UM LÍDER DE VERDADE

No dia 5 de novembro de 2015, um grupo de militares do Corpo de Bombeiros de Minas Gerais se viu diante de uma grande operação de busca e salvamento após o rompimento de uma barragem de rejeitos de minério na cidade de Mariana. Um desastre que ficou conhecido internacionalmente e entrou para a história como um dos maiores do mundo, principalmente pela extensão dos danos e do impacto ambiental causado pelo mar de lama que percorreu mais de 800 quilômetros até alcançar o oceano.

Naquele dia e até muito tempo depois, a maioria das pessoas que olhavam a dimensão daquela tragédia e seus altos riscos pensava que realizar resgates naquelas condições seria uma missão impossível. Será?

Aquela era uma tarde aparentemente tranquila no Batalhão de Emergências Ambientais e Resposta a Desastres (BEMAD), embora a palavra "tranquila" tenha um sentido um pouco diferente para um grupo especial de resgate acostumado a se envolver com casos de extrema dificuldade. Mesmo num dia normal, os militares dessa equipe atendem ocorrências graves e muito difíceis. Para isso, devem estar preparados para imprevistos de qualquer dimensão.

Então, por volta das 16 horas, o telefone do batalhão tocou, e veio o alerta:

– Rompeu a barragem do Fundão, em Mariana!

Imediatamente, todos os militares foram acionados, assim como as aeronaves que estavam disponíveis, pois já se imaginava que, além da distância, o local seria de difícil acesso. Logo surgiram dois helicópteros, um da Polícia Civil e outro da Polícia Militar, e os bombeiros que chegaram ao batalhão foram divididos, deslocando-se também uma equipe por terra.

Ao chegarem à área da barragem, a imagem vista do alto era impressionante, uma destruição total. Um distrito próximo já havia sido atingido, logo que a barragem se rompeu, e a lama cobria casas, carros e árvores. As pessoas que conseguiram escapar acenavam para os helicópteros, pedindo socorro. Era o distrito Bento Rodrigues, que estava praticamente coberto e pintado de uma mesma cor. Um dos helicópteros baixou sua altitude e, ao passar pela poeira que ainda subia da lama, quase se acidentou, mas conseguiu seguir sua missão. Na outra aeronave, que voava um pouco mais alto, os militares avaliaram a situação e tomaram uma decisão: não pousar.

Eles decidiram seguir o percurso da lama para tentar evitar novos impactos que pudessem ocorrer mais à frente. E essa foi a escolha correta.

Quando o helicóptero ultrapassou aquela grande onda de lama, os militares se depararam com mais uma cena impressionante: outro pequeno distrito, Paracatu de Baixo, que ainda não havia sido atingido pela lama. Ali também os moradores acenaram para o helicóptero, mas dessa vez eles estavam sorrindo, sem saber que um rio de destruição se aproximava deles, com força e velocidade.

Olhando para aquela situação, era preciso tomar outra decisão. Dessa vez, decidiram pousar, mesmo com o risco iminente de aquele tsunami de lama os atingir e carregá-los junto com aqueles moradores.

Assim que tocaram o solo, iniciaram uma operação semelhante a uma situação de guerra. Apitaram, gritaram e até carregaram alguns moradores que ficaram imóveis ou que não queriam sair de suas casas, direcionando as pessoas para o ponto mais elevado da cidade, o cemitério, que ficava no alto de um morro.

Ao serem avisados de que não havia mais tempo, pois a lama se aproximava, os militares embarcaram na aeronave e decolaram rapidamente. Assim que levantaram voo, sua satisfação por terem conseguido executar tudo o que podia ser feito era nítida, mas ainda pairava a dúvida se realmente teriam conseguido salvar todos os moradores.

Logo depois, a lama chegou a Paracatu de Baixo e cobriu todo o distrito, exceto o alto daquele morro onde estavam mais de 200 pessoas.

Dentro do helicóptero, os bombeiros receberam um novo alerta:

— Atenção! A barragem de Germano está prestes a romper! Todos aqueles que puderem sair da zona de risco, evacuem a área imediatamente!

A barragem de Germano era dez vezes maior que a de Fundão.

Mesmo com o aviso, o tenente que liderava os bombeiros e estava na aeronave solicitou que o piloto retornasse ao distrito de Bento Rodrigues para que fossem deixados juntos à outra equipe. Então, o comandante da aeronave disse:

— A sua equipe já deve ter ido embora. Vamos voltar para a base.

— Comandante, eu tenho certeza que minha equipe está lá! — respondeu o tenente, mesmo sabendo que a decisão seria do piloto, pois ele era o responsável por aqueles a bordo.

— Mas o helicóptero em que eles estavam já retornou para a base — informou o piloto, indicando também que a luz do dia

> já estava acabando. – E logo mais não vai ter condições de voo para a aeronave.
> – Mas eu tenho certeza que minha equipe ficou lá!
> – Você não ouviu no rádio? Uma outra barragem muito maior está na iminência de romper.
> – Ouvi sim, comandante. É justamente por isso que eu sei que eles estão lá. Se o senhor puder, retorne até lá e nos deixe desembarcar.
>
> E assim foi feito. O comandante da aeronave desembarcou os bombeiros militares naquele distrito. Antes de decolar de volta para a base, ele questionou novamente o tenente se, mesmo com o risco de a outra barragem romper a qualquer momento, os bombeiros permaneceriam no local aquela noite. E ele ouviu a mesma resposta afirmativa de todos.

Antes de concluir essa história, faço uma pausa para uma explicação e para entrarmos um pouco mais naquilo que eu gostaria de compartilhar aqui.

Relatei essa história com detalhes no meu primeiro livro, *Além da lama*, publicado pela Editora Vestígio, em 2019. Eu era o tenente responsável por aquela operação, aquela equipe e também por aqueles moradores, que, em meio ao caos, precisavam confiar em alguém que acreditasse que aquilo poderia acabar bem, apesar de todo o desespero e do cenário cinematográfico de destruição.

De volta à história...

> Quando o dia seguinte clareou, o comandante da aeronave retornou trazendo mais recursos e suprimentos, mas persistia a incerteza sobre tudo o que ocorrera e sobre as decisões tomadas no dia anterior. Então, ele veio até mim no Posto de Comando,

> que já havia sido improvisado por nossa equipe. Prestadas as devidas continências, ele perguntou:
> — Farah, como você sabia que sua equipe ainda estava aqui, mesmo com a outra barragem prestes a romper?
> E a resposta foi clara e segura:
> — Comandante, eu conheço minha equipe. Se eu estivesse no lugar deles, era exatamente isso que eu teria feito.

Sem dúvida, retornar para aquele local, mesmo com o risco iminente de uma barragem ainda maior nos atingir, foi uma das decisões mais difíceis que tomei na minha carreira. Eu já precisei fazer muitas escolhas importantes, em situações de extrema crise, sendo que algumas delas também envolviam a vida de outras pessoas, além da minha. Nesse momento, principalmente em cenários críticos, é preciso haver um equilíbrio na medida certa entre a razão e a emoção.

Várias doses de **razão** para uma dose de **emoção**.

A minha emoção dizia para pousarmos em Bento Rodrigues, aquele primeiro distrito que vimos em Mariana, mas a razão sugeria que seguíssemos a lama, para ver se alguém mais corria risco.

Naquele momento não havia tempo de ficarmos estudando qual seria a "melhor das melhores opções". Precisávamos agir, escolhendo aquilo que acreditávamos ser o melhor a fazer, com base nas informações e nos conhecimentos que tínhamos. Muitas vezes, quando tomamos uma decisão em determinada situação, só saberemos com certeza se aquela foi a melhor escolha no final da história. A pior coisa que poderíamos fazer numa situação daquela seria não tomar uma decisão. Entretanto, essa decisão não se resumia única e exclusivamente àquela fração de segundo em que alguém está diante da morte e precisa fazer algo. Ela estava embasada por uma série de fatores que somam diferentes aprendizados, muitos treinamentos, vivências em experiências anteriores e, acima de tudo, **liderança**.

Ultimamente, muito tem se falado sobre a liderança, mas algumas pessoas que se propõem a ensinar algo sobre ela nunca estiveram verdadeiramente à frente de uma equipe ou buscaram para si a responsabilidade de liderar um projeto, uma ação, uma conquista ou um fracasso. Não que seja uma obrigatoriedade ter apenas líderes ou ex-líderes compartilhando conceitos sobre liderança. Mas, assim como em todo aprendizado, aquele que já pôde aplicar seus conhecimentos de forma prática e carrega consigo muitas dessas experiências reais torna essa conversa ainda mais próxima da essência do termo.

Mesmo assim, com tantas pessoas falando sobre esse assunto, ainda há alguns equívocos, que podem até mesmo interferir no desempenho dos envolvidos e nos resultados que se espera de um líder.

Um deles está relacionado ao fato de chamarmos de líder aquele que está em primeiro lugar em uma competição, ou no topo de um ranking de vendas, por exemplo. Não há nada de errado nisso. Também é considerado um líder aquele tem o melhor desempenho e está acima dos outros. Mas, neste livro, vamos olhar prioritariamente para o indivíduo que atua ao lado de outras pessoas e precisa levá-las a alcançar algo ou cumprir um determinado objetivo. Ou seja, vamos falar sobre homens e mulheres que estão à frente de um grupo, um time ou uma equipe e se dedicam a coordenar e aprimorar o desempenho em função de um negócio ou até mesmo em determinadas situações da vida pessoal.

Ainda assim, mesmo ao restringir a análise a esse perfil de líder, comete-se outro engano bem comum. Muitos consideram que ser proprietário de um negócio ou criador de algo revolucionário para o mundo já lhe credencia como um líder. A liderança não é identificada apenas pelo status, cargo ou poder financeiro dentro de um grupo. Um sócio ou um investidor não precisa ser obrigatoriamente o líder desse negócio. O dono da bola não é necessariamente o líder de um time. Assim como o líder de um pelotão de militares não é o dono dessa corporação.

A confusão na definição desse termo segue na maioria dos dicionários, que, de muitas formas, resume-se a:

"O indivíduo que tem autoridade para comandar ou coordenar outros".

Apesar de demonstrar que o líder tem potencial para comandar outras pessoas, estando à frente e direcionando as atitudes delas, não há dúvida de que essa definição não expressa todos os conceitos de um líder e muito menos aquilo que podemos esperar dele.

Este livro não tem a pretensão de unificar essas diferentes definições de dicionários e especialistas, nem ser o dono da verdade para estabelecer a definição correta sobre o que seja realmente um líder. Entretanto tenho minha definição preferida:

> **Líder** é quem leva pessoas comuns a **alcançarem algo extraordinário**, que não conseguiriam realizar sozinhas.

Então, para mim, liderança é a capacidade que o líder tem de ajudar outras pessoas a fazer o que elas já são capazes de fazer, mesmo que ainda não saibam disso, a fim de alcançarem algo juntos ou fazer com que elas cheguem a um lugar que ainda não conseguiram tentando individualmente.

Para isso, é preciso haver uma troca entre pessoas. Em um grupo que faz algo junto, destaca-se aquele que assumirá a responsabilidade pelo sucesso ou mesmo pelo fracasso da missão.

Sim, o fracasso. Fracassar em uma missão não faz com que alguém não possa mais ser um líder. É possível até questionar se o desempenho foi bom ou ruim naquela missão, entendendo que os erros ou os resultados inesperados servirão de aprendizado para as próximas vezes. Certamente há missões que não permitem erros, principalmente aquelas que envolvem vidas. E a única forma de saber como agir nesses casos é aumentar seus conhecimentos, inclusive com base nas experiências que não deram certo. O fracasso pode acontecer por diversos fatores, exceto por falta de ação do líder, que não soube ajudar o grupo a alcançar seu objetivo.

Fato é que um líder não se faz sozinho. Ele precisa do seu time, de uma equipe, de mais alguém junto a ele. Líder é aquele que inspira os outros, que surge diante de um grupo de pessoas que tem os mesmos objetivos e os mesmos **propósitos**.

Durante muitos anos, eu li, estudei, ouvi depoimentos, treinei, fui treinado, concluí missões com sucesso e fracassei em outras, mas, acima de tudo, absorvi técnicas, metodologias e exemplos que podem ser aplicados em diferentes situações para que equipes comuns se transformem em equipes extraordinárias, para que missões impossíveis sejam cumpridas e para que as melhores decisões sejam tomadas, mesmo se estivermos diante de um dos maiores desastres do mundo.

É evidente que, mesmo que alguém aplique todo o conhecimento sobre liderança adquirido por meio da leitura deste livro ou por outros meios relacionados a esse tema, muitas pessoas jamais serão consideradas líderes se não tiverem algo fundamental para tanto: *empatia*. Essa é uma das premissas mais importantes, tanto para um bom trabalho em equipe, quanto para muitos outros aspectos da vida. Deve-se entender por empatia a capacidade de nos colocarmos no lugar do outro para entender suas necessidades e sentimentos. Empatia não é fazer o que gostaria que fizessem para você, mas sim tentar compreender o que a outra pessoa gostaria que fosse feito, ao se colocar no lugar dela. Isso é importante para uma equipe, a fim de atender um cliente ou um paciente, e para qualquer relação entre pessoas, até mesmo aquelas que não conhecemos. A empatia só não deve importar àqueles que vivem sozinhos no mundo, mas os ermitões estão em extinção.

Para exemplificar mais sobre isso, retomo a história que iniciei neste capítulo.

> Ao retornarmos com a aeronave para Bento Rodrigues, minha equipe estava mesmo lá. Eles também tinham recebido o alerta da possibilidade de rompimento da outra barragem e sabiam que havia centenas de moradores ali que poderiam ser atingidos. Assim que nos reunimos, comuniquei minha decisão de permanecer para tentar encontrar uma rota de fuga para aquelas pessoas, antes que algo pior pudesse acontecer. Mas dei à minha equipe o direito de escolherem o que queriam fazer. Aqueles que quisessem retornar poderiam aproveitar o helicóptero e voltar à base, já que o sol estava se pondo e não haveria mais condição de voo até a manhã seguinte. Todos decidiram ficar. Sem recursos, água, comida, comunicação e iluminação para enfrentar a noite e a tristeza, a dor e a revolta daqueles moradores, que não entendiam o motivo de estarmos liberando as aeronaves.
>
> Naquele momento de incertezas e de muita tensão, percebi que aqueles moradores precisavam confiar nos bombeiros, para que pudéssemos encontrar uma saída com a ajuda deles. Então, eu disse:
>
> – Nós só sairemos daqui juntos. E eu garanto que serei a última pessoa a ir embora.
>
> Depois disso, os moradores começaram a entender que, ao optarmos por correr o mesmo risco que eles, éramos todos parte da mesma equipe e estávamos juntos na mesma rota da lama.
>
> Enquanto a noite avançava e as esperanças de encontrarmos uma saída daquele lugar diminuíam, eu ainda pensava se havia feito tudo ao meu alcance em Paracatu de Baixo, aquele distrito

onde levamos os moradores para o ponto mais alto. Será que conseguimos retirar todas as pessoas antes de a lama chegar? Será que aquele volume de lama não as atingiu, mesmo no ponto mais alto? Foi um sucesso? E se tivesse sido um fracasso? E se a lama tivesse alcançado minha equipe enquanto estávamos no solo?

Mas não havia mais o que eu pudesse fazer. Como líder, tomei uma decisão e fiz o melhor que pude dentro das condições que tínhamos naquele momento e de todo o conhecimento assimilado. Não havia tempo nem mesmo para comemorar o fato de não termos morrido soterrados pela lama antes de decolar. Mesmo que aquela missão tivesse sido um sucesso, já havia outra ainda maior para enfrentarmos.

Agora eu precisava me concentrar e me colocar no lugar daquelas pessoas (empatia) que precisavam sair dali, pois isso era o que eu e minha equipe sabíamos que tínhamos, queríamos e iríamos fazer (propósito). Eu precisava organizar, orientar e, principalmente, motivar e inspirar um grupo de pessoas em meio a uma crise para fazer o máximo; tudo o que pudesse seria feito com a minha ajuda. Eu precisava ser um líder de verdade.

Conteúdo complementar

Vozes de Mariana
Estado de Minas

A FÓRMULA
(QUE NÃO EXISTE)

Será que existe uma fórmula para se tornar um grande líder? Ou um manual com um passo a passo que explique claramente como ser um bom líder?

Eu não acredito que essa fórmula exista, mas, em tudo que estudei, percebi que, hoje em dia, muitas soluções milagrosas ainda são vendidas em algumas páginas e horas de cursos, até mesmo ignorando que esse é um papel que está em constante atualização, pois os recursos tecnológicos, as organizações, a legislação, tudo muda. Essa indefinição é tamanha que, ao se pesquisar sobre "liderança" ou "líder" nos sites de busca da internet, os resultados que aparecem são:

- Qual é o conceito de liderança?
- Qual é o perfil de um bom líder?
- Quais são as qualidades de um bom líder?
- Como se tornar um líder de equipe?
- Quais são os tipos de liderança?
- O que fazer para ser uma boa liderança?

Para a primeira pergunta, existem milhares de respostas, sendo que muitas foram fornecidas por "grandes líderes". Uso aspas porque alguém que é um grande líder para mim pode não ser visto da mesma maneira por outros pesquisadores. Considero o general William H. McRaven, almirante da Marinha dos Estados Unidos, um grande líder, por exemplo. Digo isso não apenas por seus grandes feitos como militar durante quase quarenta anos, entre eles a captura de Osama Bin Laden, em 2011, mas por ter inspirado muitas outras pessoas pelo mundo, principalmente ao ter escrito o livro *Arrume a sua cama: pequenas atitudes que podem mudar a sua vida... e talvez o mundo* (2017). Nessa publicação, o autor e almirante afirma que, se alguém não consegue fazer as pequenas tarefas diárias, como arrumar a própria cama, não conseguirá encarar grandes missões.

Mas, em meio a tantos conceitos, ainda prefiro minha definição de líder, que já apresentei no primeiro capítulo deste livro:

Líder é quem leva pessoas comuns a alcançarem algo extraordinário e que não conseguiriam realizar sozinhas.

Gosto dessa definição porque, para mim, não existe líder sem equipe (e vice-versa), além do fato de que muitas pessoas tentam atingir grandes objetivos sozinhas, mas sem eficiência e sem sucesso. Acredito que isso possa esclarecer algumas das outras perguntas que apareceram em minha busca sobre liderança. Todas as outras espero abordar de alguma forma no decorrer desta conversa.

Para exemplificar, vamos falar de algo bem simples e comum, como uma dieta. A maioria das pessoas tenta improvisar com métodos que ouvem dos amigos ou que viram em alguma daquelas revistas de corpos perfeitos, mas que não funcionam para todo mundo. Pode até dar certo, mas não se sustentam e geram apenas um resultado de curto prazo. Então, a pessoa decide procurar um nutricionista, um endocrinologista, um preparador físico ou outro profissional que possa ajudá-la a atingir aquele objetivo. Pode não parecer à primeira vista, mas a dieta passa a ser um trabalho coletivo. Mesmo nesse exemplo, que pode parecer banal, existe um líder, alguém que irá guiar essa equipe até uma meta, que não foi possível de se alcançar sozinha.

Mas será que um líder poderia liderar qualquer coisa? Por exemplo, um excelente técnico de vôlei – e aqui vou me permitir citar o Bernardinho, que é uma grande referência para mim – seria um bom técnico de futebol? Ou um bom gerente de vendas? Ou um bom comandante de operações especializadas? Acredito que, se esperarmos que ele exerça a liderança exatamente como faz com seus times de vôlei, a resposta pareça um tanto óbvia: não.

Creio que o Bernardinho até poderia ser um bom líder militar, ao observar sua postura rígida, a exigência pela disciplina, a prática de treinamentos intensos, as jogadas ensaiadas a cada ponto, as táticas traçadas a cada set, e sua busca obstinada pela vitória, superando grandes adversários e muitas dificuldades. Mas, se esse líder das quadras não tiver na sua essência a aplicabilidade prática de tudo isso para outra área específica, neste caso o segmento militar, ele não conseguirá se engajar com seu novo time, uma tropa militar, por mais que todos possam admirá-lo como um dos melhores líderes do esporte. E, da mesma forma, um comandante de um batalhão militar de resgate não poderia utilizar somente aquelas técnicas necessárias para liderar com excelência um time de vôlei. Entretanto, sempre haverá aprendizados e experiências que podem inspirar e ser aplicados por líderes nos mais diversos segmentos.

Essa característica é algo que aprendi em um curso que fiz no Japão. Vou discorrer a seguir um pouco sobre essa importante experiência.

Em 2017, tive a oportunidade de ser selecionado para fazer um curso no Japão, o "Disaster Management for Landslides and Earthquakes". É uma espécie de pós-graduação em Gestão de Desastres, oferecido pela Agência de Cooperação Internacional do Japão (JICA), que desenvolve a louvável iniciativa de fomentar a disseminação de conhecimentos, apoios e parcerias ao redor do mundo. O curso aconteceu em Tóquio e teve duração de setenta dias.

Além das aulas específicas para atuar em diferentes tipos de desastres, os alunos têm atividades extras, como: aulas de japonês, metodologia de planejamento, história do Japão e cultura japonesa. Nesta última, eu descobri algo sensacional.

Logo na primeira aula, a professora, que parecia ter uns 70 anos, mas na verdade tinha 90, perguntou:

– Farah San, qual é o motivo que faz você se levantar da cama todos os dias?

Para quem não estava acostumado com o fuso horário do Japão, eu poderia até ter respondido que a única coisa que me fazia levantar tão cedo ali era o despertador, mas na verdade ela se referia à minha motivação para acordar todos os dias ou o que me levava a querer viver um dia após o outro.

– Não me responda, Farah San. Quero que você leve este diagrama para seu quarto e traga a resposta amanhã.

Abri a folha e vi algo incrível, que eu ainda não conhecia, o **IKIGAI**.

Etapas:

1ª	Você se sente feliz ao realizar isso?	**Aquilo que você ama fazer.**
2ª	Você sabe fazer isso com qualidade?	**Aquilo que você faz bem.**
3ª	Pessoas ou empresas pagam por isso?	**Aquilo que você é pago para fazer.**
4ª	Isso faz bem para o mundo?	**Aquilo de que o mundo precisa.**

Certamente, essa é uma forma de aplicação bem simples de toda a filosofia **IKIGAI**. Para um melhor aprofundamento, que vale a pena, existem alguns cursos, inclusive no Brasil. Mas esse resumo serve para demonstrar a necessidade desse autoconhecimento e sua importância para um líder.

Olhei para aquele diagrama e consegui enxergar perfeitamente meu **IKIGAI**. Meu propósito era: SALVAR VIDAS.

> Se não fosse para **mudar o mundo**,
> eu nem teria nascido.

Descobri o que me faz levantar todas as manhãs. O que me motiva é salvar vidas. E, a partir daquele momento, eu comecei a entender que poderia fazer isso de diversas maneiras, seja por meio das operações de busca e salvamento, seja utilizando minhas experiências e conhecimentos adquiridos para ajudar as pessoas a se superarem, não desistirem dos seus sonhos, aumentarem sua performance e a manter viva uma grande corrente do bem, na qual um pode ajudar o outro com aquilo que tem. Estava claro como nunca estivera antes.

Pode até parecer simples para um bombeiro saber seu **IKIGAI**, mas não se engane. É necessário preencher todas as partes do diagrama.

Mesmo assim, se algum dia você se deparar com uma Fórmula da Liderança, veja se ela possui em sua essência algo que eu chamo de **ELEMENTOS BÁSICOS DA LIDERANÇA:**

ELEMENTOS BÁSICOS DA LIDERANÇA

FAÇA O QUE AMA E AME O QUE FAZ.
MONTE O MELHOR TIME.
ALIMENTE-SE DE CONFIANÇA.

FAÇA O QUE AMA E AME O QUE FAZ.

Se você faz o que ama e não ama o que faz, jamais conseguirá ser persistente, disciplinado nas suas tarefas e inspiração para outras pessoas.

Veja bem, não falo sobre motivação, e isso é algo que, muitas vezes, poderá faltar na vida profissional e até mesmo pessoal. Nos nossos treinamentos, a motivação é uma das coisas mais importantes que temos de tirar dos alunos. Isso mesmo, tirar.

Eu coordeno um treinamento chamado Curso de Salvamento em Soterramentos, Enchentes e Inundações (CSSEI) e posso garantir que esse é um dos mais completos e exigentes dessa área, no qual preparamos militares de Minas Gerais, do Brasil e até do exterior para atuarem em grandes operações de salvamentos. Nesse curso, utilizamos técnicas que levam os alunos ao extremo, justamente para que desenvolvam sua capacidade de agir em situações de risco, mesmo que não tenham uma motivação. Dessa forma, o aluno mantém seu foco e toda a sua capacidade para completar o compromisso que assumiu.

No curso, é comum acordar todos os dias de manhã (ou de madrugada) ao som de bombas, sirenes, apitos e gritos dos instrutores, isso quando é possível dormir duas horas seguidas; ficar molhado 24 horas por dia, sem ter uma roupa seca para se trocar; não comer ou comer muito pouco; ter de praticar atividades físicas todos os dias, faça sol ou faça chuva (e, se não chover, os instrutores criam a chuva com mangueiras); ter de responder a provas escritas em pouco tempo e após ter atravessado um lago a nado; ser submetido a pressões psicológicas extremas... Isso tudo deveria fazer com que qualquer "pessoa normal" perdesse a motivação. Mas, quando se tem amor pelo que faz, a pessoa se torna mais disciplinada e segue ainda mais determinada para cumprir todas as tarefas e alcançar um objetivo maior. É o amor pela profissão que irá fazer o bombeiro ou qualquer profissional querer enfrentar situações adversas, mesmo se naquele momento estiver sem motivação. Para cada aluno do nosso curso, o comprometimento com o que ama de verdade é o que o faz enfrentar o frio, a sede, a fome e o sono, de maneira a atingir o objetivo maior de se formar no curso.

Este é o primeiro passo importante para ser um bom líder e também para os membros de sua equipe: todos devem amar o que fazem, pois, quando encontrarem um grande obstáculo ou quando um problema inesperado baixar a motivação, será esse amor, essa determinação e essa disciplina que irão levá-los a enfrentar as dificuldades e a concluir a missão.

Para um profissional que atua como bombeiro, pode parecer muito fácil enxergar aquilo de que o mundo precisa. Claro, o mundo necessita de alguém que salve vidas. É isso que move todos os bombeiros. O grande problema são os profissionais que não conseguem enxergar nas suas funções algo de que o mundo realmente precisa.

Durante o curso no Japão, eu percebi que os meus colegas de turma ainda tinham uma dificuldade muito grande em descobrir o seu **IKIGAI**, pois eles não conseguiam atrelá-lo à sua vocação. Ou seja, não conseguiam conectar aquilo que são pagos para fazer àquilo de que o mundo precisa. A maioria tende a pensar primeiro que a sua necessidade é a mesma de todas as outras pessoas. Mas, nesse caso, a resposta tem que ser mais direcionada ao outro, à sociedade, a "todo mundo". Ou seja, é preciso se colocar no lugar do outro. É preciso, novamente, ter empatia.

A amplitude que estamos acostumados a considerar quando pensamos no "mundo" também torna esse entendimento um pouco mais difícil. Normalmente pensamos em grandes feitos, aqueles que podem salvar milhares de pessoas do perigo, algo típico de super-heróis das histórias em quadrinhos. Não que isso não seja importantíssimo e até mesmo possível. Mas qualquer pessoa é capaz de enxergar uma simples oportunidade para fazer a diferença e impactar positivamente o mundo de alguém. É preciso olhar ao redor para entender do que o mundo precisa e, assim, achar sua vocação.

Quero abrir um pouco mais essa visão. Cada pessoa é cercada de relações, com seus pais, irmãos, filhos e outros familiares, ciclos de amizades e uma rede de contatos profissionais, que podem originar uma lista enorme ou mais selecionada. Além disso, diariamente, estamos sujeitos a fazer novas conexões durante nossas atividades profissionais ou pessoais, ter a possibilidade de estender uma mão ou compartilhar uma gentileza. A vida de cada uma dessas pessoas é um mundo particular que pode ser impactado. Por isso, afirmo que qualquer indivíduo é capaz de fazer algo, contribuir, melhorar, transformar e mudar o mundo.

> Quem muda **uma vida** muda **o mundo**.

Em abril de 2019, fui designado para ir à África, com a missão de ajudar nas ações humanitárias de busca e salvamento em Moçambique, após a passagem do ciclone Idai, que causou centenas de mortes e destruiu muitas cidades, deixando milhares de pessoas desabrigadas e isoladas, o que levou ao chamado de equipes internacionais especializadas. Formamos um grupo de vinte militares e embarcamos num avião Hércules da Força Aérea Brasileira, numa viagem que demorou quase dois dias.

Nossa missão estava programada para durar vinte dias, mas, quando estávamos lá, fomos surpreendidos pela passagem de um segundo ciclone, o Kenneth, ainda mais forte e destrutivo, que estendeu nossa permanência para quarenta dias. Portanto, dimensionamos nossos recursos para um período e tivemos de lidar com o dobro do tempo. Mas essa não foi uma das maiores lições dessa missão.

Em Moçambique, passamos por alguns vilarejos isolados que tinham, no máximo, cem moradores. Sim, cem homens, mulheres, crianças e idosos que viviam longe de tudo. Eles não tinham meios modernos de comunicação, muito menos meios de locomoção, e basicamente se sustentavam pela agricultura de subsistência, que se resumia à mandioca. Quase não tinham contato com pessoas de fora, e, quando aqueles militares de roupa laranja chegaram até eles, após um certo distanciamento e uma desconfiança inicial, acabou se revelando uma oportunidade para que pudessem conhecer um mundo totalmente diferente do que estavam acostumados. E também era uma bela oportunidade para fazermos a diferença no mundo deles.

Um desses vilarejos era formado apenas por uma tribo, cuja crença proibia qualquer um deles de atravessar o rio que passava ao lado. Eles acreditavam em mitos do passado distante, segundo os quais qualquer ser humano que ousasse fazer a travessia para sair dali seria comido por animais.

Após muitas dificuldades pelo caminho, finalmente conseguimos acessá-los, para levar água e alimentos para as famílias, que já sofriam havia dias com a falta de recursos. E assim fizemos, respeitando os limites que nos eram impostos, mesmo que o nosso único interesse ali fosse ajudá-los a sobreviver com melhores condições. Por exemplo, parecia natural para nós iniciarmos a distribuição da água potável para as crianças e as mulheres. Mas fomos informados, de forma até mesmo ríspida, que os recursos deveriam ser direcionados primeiro aos homens, para que eles pudessem estar mais fortes e preparados para defender a comunidade. Confesso que aquilo estava distante da minha realidade e da minha vontade, mas eu estava no mundo deles e precisava, antes de tudo, respeitar a organização que escolheram para aquela aldeia. Isso é algo a que precisamos sempre estar atentos ao lidar com culturas, crenças, religiões e até mesmo leis totalmente diferentes daquelas que praticamos em nosso país ou em nossa comunidade.

Uma forma de "negociação" que consegui com os líderes daquele vilarejo foi entregar o recurso da ajuda humanitária para eles dividirem da maneira que julgassem apropriada para aquela realidade. Mas a minha garrafa de água pessoal eu poderia dar para quem eu quisesse. E assim eu fiz.

Enfim, cumprimos nossa missão. Não resolvemos todos os problemas que eles enfrentavam, nem todos os outros que achávamos que tinham. Não pusemos fim àquela crença de não atravessar o rio, que poderia ajudá-los a sair em busca de ajuda quando necessário, nem conseguimos recuperar tudo o que aquelas pessoas tinham perdido com os ciclones, apesar de que, se fosse possível, nós teríamos feito o máximo de esforço para reerguer algumas paredes e telhados. Mas levamos àquelas pessoas o que elas mais necessitavam para sobreviver naquele momento, respeitando seu espaço. Por isso, fomos aceitos, e, ao final, recompensados com abraços e sorrisos. Portanto, dentro do que era possível naquela situação, podemos dizer que um grupo de bombeiros vindos lá de Minas Gerais mudou o mundo daquelas pessoas no meio da África.

Vou citar mais um exemplo. Dessa vez, de uma atendente de lanchonete que mudou o mundo. E que, para isso, não precisou vender milhares de salgados.

No dia 25 de janeiro de 2019, como muitos sabem, houve um dos maiores desastres da história do Brasil: o rompimento de uma barragem de rejeitos de minérios em Brumadinho, Minas Gerais. E eu estive lá desde o primeiro momento, durante vários dias, à frente das operações de busca e salvamento.

Nesse tipo de operação, até mesmo pela emergência do deslocamento, os bombeiros levam seu material operacional de subsistência, que deve ser o suficiente para a permanência em um local de desastre por até dez dias. Cada militar leva o necessário para sua autonomia, sem que precise depender de recursos da localidade afetada, uma vez que estará lá para ser a solução, e não para virar mais um transtorno num local com tantos problemas.

Na mochila, além de mudas de roupa, levamos material de alimentação de campanha, rações operacionais, produtos de higiene pessoal, purificador de água, remédios, materiais de primeiros socorros, iniciador de fogo, ferramentas de autossalvamento – como cordas, mosquetões, canivete, faca – e uma infinidade de outros recursos que listamos, de maneira que tínhamos autonomia total de empenho.

Mas em Brumadinho a situação foi extremamente crítica. No terceiro dia, eu já estava com minha segunda muda de farda totalmente encharcada com uma lama grudenta. E devido a toda a destruição do local, não havia água suficiente para limpar o que chamamos de nossa "segunda pele". (Uma curiosidade: a lama retira o calor do corpo vinte e cinco vezes mais rápido que o ar. Assim, ficar 24 horas com aquela lama grudada era algo terrível.) As partículas de terra roçavam entre todas as partes do corpo, e os pés já se encontravam em carne viva, algo que realmente drenava nossa energia. Raciocinar com frio, dor, sono e fome era algo que vivenciávamos durante nossos cursos. E essas sensações se tornam reais quando estamos em operações como aquela, que demostrava que o treinamento naquelas condições era realmente necessário. Mas a sensação é ainda pior quando se tem a vida dos seus companheiros em suas mãos, num momento tão crítico como aquele, em que uma simples decisão errada pode se transformar em um resultado ainda mais trágico. Então, não podia haver erros, e esses fatores adversos, como o frio que sentíamos, pesavam muito no nosso raciocínio lógico.

Então, no quarto dia de operação, após passar a noite em claro, planejando a atuação das equipes no campo de buscas, eu estava enrolado em uma toalha no Posto de Comando, enquanto minha farda estava pendurada na área externa – havia aproveitado a chuva para tentar livrá-la de um pouco daquela lama toda. Até que fui interrompido pelo despertador, que servia somente para lembrar o horário de vestir minha roupa e ir para a operação, já que não estávamos conseguindo dormir. Fui até o varal e, enquanto colocava minha farda, ainda suja de lama e agora toda molhada também, não pude deixar de esboçar um leve desconforto na cara. Uma voluntária que estava próximo ao local de alimentação das equipes percebeu aquilo e se dirigiu até mim:

– Tá pesado, né, capitão?

Ela já devia estar por ali havia alguns dias, pois já sabia minha patente. Eu confesso que não a reconheci, pois muitos voluntários se juntaram a nós logo no início da montagem do Posto de Comando e, apesar da gratidão que eu tinha por eles, minha atenção e orientações estavam mais direcionadas aos militares que saíam para fazer as buscas:

– Bom dia, senhora! Tudo bem?

– Bom dia. Vi a cara que o senhor fez na hora de colocar o uniforme.

– Ah, sim... É porque ainda está um pouco molhado, e o outro rasgou no primeiro dia da operação. Mas nada que vá nos desanimar.

– Entendi. O senhor poderia me dar a farda rasgada para eu tentar costurar? Eu te entrego no final do dia.

– Não se preocupe, senhora. Eu tenho um kit de costura na minha mochila, que carregamos justamente para isso. Mas ainda não deu tempo de parar para costurar.

– Por favor, capitão. Eu insisto. Eu trabalho em uma lanchonete aqui em Brumadinho, e ela está fechada por causa da lama. Então eu resolvi ajudar. Mas ainda estou me sentindo meio inútil aqui. Se eu pudesse fazer isso, eu me sentiria muito bem.

Pensei um pouco. E disse a ela:

– Tudo bem. Vou buscar.

Peguei a farda rasgada e toda suja de lama e entreguei para ela. Era uma calça e a gandola – a jaqueta que vestimos por cima da camiseta.

– Pode deixar que no final da tarde eu entrego para o senhor.

– Olha, não precisa se preocupar, senhora. Eu tenho o kit de costura, e, assim que tiver um tempo, eu faço o reparo.

– Não se preocupe, capitão. Será uma honra.

E lá fui eu para mais um dia duro e cheio de lama.

No final da tarde, retornei ao Posto de Comando e ainda permanecia com a cabeça totalmente focada na operação. Então, um dos militares me chamou na área de desinfecção, por onde todos que tinham contato com os rejeitos de minério deveriam passar, para tirar o excesso da lama e diminuir riscos à saúde:

– Capitão, tem uma senhora querendo falar com o senhor.

Para a minha surpresa, lá estava ela, com um leve sorriso no rosto e um olhar de quem tinha cumprido a sua missão. A missão que ela mesma se prontificou a realizar, utilizando aquilo que ela sabia e podia fazer naquela situação. A senhora segurava um saco plástico que continha a minha farda – costurada, lavada e passada.

– Nossa! Eu não tenho palavras para agradecer a senhora. Muito obrigado mesmo. A senhora me salvou!

– Ô, capitão, eu que agradeço tudo o que o senhor e sua equipe estão fazendo. Pedi para minha irmã e meu marido ajudarem, e aqui está. E, se o senhor não se importar, já recolhemos aquelas roupas ali para trazer amanhã para os outros bombeiros.

Quando eu olhei para onde ela apontou, vi uma pilha de roupas sujas que aquela senhora já havia recolhido para lavar.

– Vai dar muito trabalho!
– Mas o senhor não acha que vai ser bom para eles?
Ela tinha toda razão.

Mais tarde, naquele dia, após tomar meu banho, depois de cinco dias, eu pude vestir uma roupa limpa, cheirosa e seca. Acreditem: aquilo mexeu internamente comigo. Eu sentava na mesa, e as ideias fluíam melhor. Meu planejamento para o dia seguinte parecia bem mais claro, estava "mais limpo". Meu humor melhorou e, da mesma forma, o rendimento da minha tropa também aumentou. Assim, consequentemente, mais pessoas puderam ser ajudadas nessa operação, mais vítimas foram encontradas e mais famílias ficaram aliviadas de poder se despedir de seus parentes. Tudo isso, "só" por conta de uma farda limpa e da atitude de uma senhora que fez o pouco que pôde, mas que foi o suficiente para mudar o mundo.

Se você não fizer algo, jamais terá a noção do poder e do impacto de suas ações, e de como elas podem ajudar a mudar o mundo. Não espere apenas algo grande. Se a intenção é positiva, todo gesto importa, e, de alguma forma, pode ser o início de uma grande onda. Simplesmente, faça o que ama.

MONTE O MELHOR TIME.

Um líder que quer ganhar o jogo e cumprir suas missões com excelência precisa montar um time com pessoas que se encaixem nos seus propósitos, nos seus ideais, e que lutem a seu lado pelas mesmas causas.

Caso o líder assuma uma equipe total ou parcialmente formada, sem ter a opção de mexer em peças, o caminho pode até se tornar mais difícil. Mesmo assim, ele deve saber identificar e extrair as capacidades complementares de cada um, para conseguir fazer a engrenagem funcionar no sentido de cumprir sua missão.

O líder não precisa ter ao seu lado apenas pessoas com quem tem melhor afinidade. Se conseguir, ótimo. Mas, prioritariamente, ele precisará de integrantes em quem confie e que contribuam para atingir os seus objetivos. Se, após preenchidas as vagas para funções-chave ou se, para cumprir uma determinada missão, a afinidade for um dos critérios relevantes, ela até pode ser considerada.

Como exemplo, as empresas familiares têm essa característica da escolha pelo grau de parentesco, pois, normalmente, espera-se que um herdeiro possa assumir uma posição naquele time. Mas, mesmo nesses casos, a prioridade da escolha para determinadas funções deve levar em consideração as competências para contribuir com determinadas tarefas, inclusive com a própria subsistência daquele negócio no futuro. Algumas vezes, espera-se que esse familiar tome gosto e se ajeite na função no decorrer de sua carreira dentro da empresa. Isso pode acontecer, mas existem métodos para prepará-lo melhor para isso, que até exigem mais dele, ao levar em conta a cobrança e a desconfiança por ele estar nessa posição. Uma das formas de fazer isso é avaliar e respeitar o que esse familiar realmente "ama fazer". A confiança que o pai, a mãe ou outro parente têm nesse representante precisa ser compreendida e respeitada pelo restante da empresa, e não simplesmente imposta, de cima para baixo.

Portanto, a escolha da equipe deve partir do autoconhecimento do líder. O verdadeiro líder deve conhecer seu potencial e também suas fraquezas. Deve saber quais são as suas habilidades e, principalmente, as dificuldades para lidar com determinadas áreas ou tarefas. E, a partir disso, escolher as pessoas que preencham as lacunas, de maneira que a missão seja cumprida pelo conjunto de habilidades existentes na equipe.

Mais fortes são aqueles que conhecem **suas fraquezas**.

Por exemplo, quando eu preciso montar uma equipe, seja para obrigações mais administrativas, seja até mesmo para missões de busca e salvamento, se tenho ciência de que sou uma pessoa desorganizada, devo escolher alguém organizado para estar na minha equipe. Da mesma forma, se sei que tenho dificuldade em salvamento em altura, devo escolher bombeiros que tenham facilidade nessa área para trabalhar comigo, já que as operações reais desse tipo de socorro muitas vezes não vão esperar a chegada de outra equipe mais bem preparada para essa finalidade. Elas simplesmente vão acontecer, e no local teremos de decidir como agir com aquilo que temos. E, principalmente nesse caso, é muito arriscado usar o "acho que consigo" na frente do "eu sei que você consegue".

Da mesma forma, um time de futebol não pode ser montado com os onze atacantes que mais fizeram gol no último campeonato. Deve haver um equilíbrio entre habilidades, comportamentos e boa convivência, onde pode entrar a afinidade.

Engana-se quem quer formar uma equipe de trabalho apenas com amigos. O ambiente certamente será muito agradável, e isso é importante. Mas é necessário considerar as características que contribuirão para o cumprimento das tarefas. Pode até ser que surjam amizades ao longo do tempo. Já trabalhei com militares que não tinham os mesmos gostos que eu e não éramos "amigos", mas eu confiava minha vida a eles, pois eu conhecia a excelência profissional deles. Eu sabia que as nossas habilidades, juntas, poderiam solucionar qualquer operação, sem que precisássemos ser melhores amigos para isso. A confiança é a cola que une as peças, sendo, assim, um pilar essencial para uma equipe. Por isso, vamos falar mais sobre confiança a seguir.

Já imaginou trabalhar em um lugar onde as pessoas dariam a vida por você?

É isso que vivenciamos todos os dias na profissão de bombeiro. Uma desatenção do colega em que você confiava e que segurava a corda, à qual você está preso enquanto realiza uma missão, pode colocar todos em risco. Isso pode quebrar a confiança e, consequentemente, encerrar aquela missão.

Outro bom exemplo da importância da confiança aconteceu comigo nas operações de busca no desastre em Mariana, após o rompimento da barragem, em 2015.

> Todos os dias, as equipes decolavam no helicóptero para realizar as buscas em uma extensão territorial muito grande. Os grupos de militares eram deixados nas áreas previamente determinadas logo nas primeiras horas da manhã, pouco antes do nascer do sol, e retirados apenas ao anoitecer. Eles deviam levar mantimentos para passar o dia e alguns materiais para qualquer imprevisto, assim como fazíamos nos treinamentos.
>
> Certo dia, deixamos as equipes bem cedo, e, faltando cerca de duas horas para a retirada, começou a chover muito forte, o que impossibilitava o voo e a aproximação da aeronave de onde eles estavam.
>
> Dias depois, um dos militares que trabalhava comigo, o então sargento Ferreira, me relatou algo que aconteceu com uma dessas equipes que precisou ficar esperando o helicóptero.
>
> Um cadete, ao ver que a chuva ficava cada vez mais forte, começou a ficar desesperado com a possibilidade de ter de dormir na lama, no meio da mata.
>
> – Sargento, o que nós vamos fazer? A aeronave não consegue vir com essa chuva, né?
>
> – Não, senhor.

– Mas e agora?

– Agora é esperar!

– Esperar? Esperar o quê?

– Esperar o tenente vir pegar a gente – disse o sargento, referindo-se a mim, que ainda era tenente na época daquela operação.

– Tá doido? Ele não vai vir. Está chovendo muito. Ele nem sabe exatamente onde a gente está.

– Relaxa aí, sr. cadete. Se ele não vier, é porque não deu pra vir. Aí, a gente dorme no meio do mato, come alguma coisa aqui mesmo e espera amanhecer.

– Tá doido? Aqui? No meio da lama? Sem barraca nem nada?

– O senhor tem uma ideia melhor?

Segundo o sargento Ferreira, naquele momento, ele e a equipe já se acomodavam no meio da lama para esperar, e cada um começava a tirar sua comida da mochila.

– O senhor tem rango aí, cadete?

– Não tenho, não. Já comi tudo.

– Graças a Deus.

– Quê? Graças a Deus? Eu estou sem comida, vamos dormir no relento, e você ainda diz "Graças a Deus"?

– Claro! Agora cada um vai dar um pedaço do que tem para o senhor. Mas o senhor vai ficar em dívida com todo mundo da sua equipe. Não se esqueça.

Segundo ele, mesmo diante de uma situação daquelas, meu time ria de tudo aquilo, pois sabiam que eu jamais os deixaria passar a noite ali.

Cerca de duas horas depois, eu cheguei ao local por terra e avistei uma marcação que os militares tinham feito para avisar que havia uma equipe próximo dali. Cheguei com mais duas caminhonetes, debaixo de muita chuva, e fui buscar o time. Quando me avistou, o sargento Ferreira disse ao cadete:

– Eu não te disse, sr. cadete? Agora o senhor vai ter de pagar o churrasco.

> Como eu ainda não sabia o que tinha acontecido, questionei:
> – Que churrasco é esse, Ferreira?
> – Nada não, sr. tenente. O importante é que o senhor acaba de conseguir um churrasco para toda a sua equipe. Mais uma vez, o Ferreira despertava o riso generalizado, apesar daquela situação.

A minha equipe me conhecia, e eu os conhecia. Realmente eu faria de tudo para buscá-los. Mas também ficaria tranquilo caso não conseguisse um meio, pois sei que eles estavam preparados para enfrentar aquilo. Isso tornava as minhas decisões mais tranquilas de serem tomadas, sem desespero, pois a confiança mútua ajuda muito nesse tipo de situação, que foge ao nosso controle.

ALIMENTE-SE DE CONFIANÇA.

Parece simples e natural. Mas a confiança é o elo mais forte entre um líder e sua equipe. E, para desenvolvê-la, indico os **FATORES DA CONFIANÇA.**

FATORES DA CONFIANÇA

INSPIRAÇÃO
DIREÇÃO
ORIENTAÇÃO
ESPERANÇA

Inspiração

A inspiração tem mais a ver com atitude do que com palavras. É a palavra em movimento, aquilo que você diz e, consequentemente, faz. É verdade que algumas palavras bem ditas podem inspirar, mas ver uma ação inspiradora pode causar um impacto muito maior. Apesar de alguns ainda não acreditarem que pessoas possam ter como propósito mudar o mundo e fazer com que a vida de outros melhore, isso realmente inspira outras a fazerem o mesmo.

E o líder?

Um bom líder deve despertar esse interesse na sua equipe, de maneira que todos tenham essa vontade de colaborar ou de ser a mudança. Líderes que apenas jogam palavras motivadoras ao vento não vencem batalhas. Assim como discursos clássicos que entram para a história, há muitos feitos que se tornam citações compartilhadas por terceiros e que inspiram ainda mais pessoas. Feitos reais já levaram escritores e cineastas a contar histórias inspiradoras em livros e filmes.

Dessa maneira, o líder pode ser bom de discurso, mas terá melhor resultado se optar por **fazer** algo que inspire as pessoas. Um time é mais inspirado ao ver seu comandante no campo de batalha do que em uma sala cheia de mapas sobre uma mesa.

Ao longo da minha carreira, eu vi e vivi muitas situações nas quais a minha simples presença ao lado do meu time, ou uma frase dita por mim diante de determinada situação, faziam com que eles acreditassem que era possível cumprir a missão.

Direção

O direcionamento é o que chamo de "intenção do comandante". Vamos nos aprofundar nesse assunto mais à frente. Mas podemos adiantar que se trata da clareza e da objetividade com que se aponta a missão a ser executada, não deixando pairar dúvidas sobre o que deve ser feito.

E o líder?

Quando o time tem um bom direcionamento, o líder sabe bem como a missão será executada e o que esperar do resultado final. Entre a "missão dada" e a "missão cumprida" há muitos e longos caminhos que podem ser percorridos pela equipe. Então, o melhor direcionamento entre o ponto A e o ponto B é fundamental para que ela não se perca nesses caminhos. Os bons líderes sabem exatamente como direcionar o time para seu destino. Como será essa jornada? Esse é um processo que deve ser construído ao longo das experiências e dos treinamentos que compõem a sua orientação.

■ Orientação

A orientação diz respeito às vivências de treinamento e às experiências que o líder acumulou ao longo da sua carreira e que irá formar a sua base de conhecimento para tomar decisões, devendo ser utilizada para passar seu aprendizado adiante e orientar outras pessoas.

E o líder?

Cabe ao líder nortear as pessoas do seu time tendo em vista suas vivências, seus conhecimentos e a bagagem que adquiriu ao longo do tempo, orientando-as sobre o melhor modo de fazer algo e alcançar o objetivo. Seja o mentor.

■ Esperança

É a presença, uma atitude de compartilhamento, de compaixão, e a transparência ao se relacionar com as pessoas.

E o líder?

Deve permanecer ao lado do seu time até o fim, principalmente nas situações difíceis, mantendo ativo o pensamento positivo (mais à frente veremos uma técnica chamada **EPR**), ao mostrar que há caminhos possíveis, mas sem iludir ou enganar, pois isso é fator decisivo para a quebra da confiança.

Já que estamos falando de esperança, vou dividir mais uma história que aconteceu comigo.

Em 2019, eu estava no comando das operações de busca e salvamento após o rompimento da barragem de rejeitos de minério em Brumadinho. Logo nos primeiros dias, nós realizávamos as buscas das pessoas desaparecidas sem saber ao certo o número de pessoas que estávamos procurando.

Após alguns dias de muitos esforços de nossas equipes, recebi uma senhora no Posto de Comando. Ela havia perdido o filho na tragédia.

— Bom dia, capitão.

— Bom dia. Em que posso ajudar a senhora?

— Olha, capitão, depois de tanto tempo nessa lama toda, eu sei que a chance de o meu filho estar vivo é nenhuma. Mas eu venho até aqui todos os dias na esperança de que vocês ainda vão encontrá-lo, da forma que ele estiver, porque eu preciso disso.

Eu não sabia o que dizer para aquela senhora. O que eu sabia era que havia ainda muitas pessoas desaparecidas, muitas mesmo, pois inicialmente o número de vítimas que recebemos era próximo de mil pessoas. E isso só foi diminuindo à medida que os dias passavam e a lista era atualizada, retirando pessoas que eram localizadas com vida fora da área de buscas ou nomes repetidos, até que chegamos ao número de 270 "joias", como chamamos as vítimas dessa tragédia. Havia locais em que a lama tinha mais de 30 metros de profundidade, o que dificultava muito nossa procura e também as chances de existirem bolsões de ar com sobreviventes. Até aquele momento, algumas dessas "joias" foram localizadas a mais de 10 quilômetros de distância do ponto do rompimento da barragem. Eu também sabia que as nossas equipes já estavam extremamente desgastadas. O que eu ainda não sabia era por onde começar a procurar o filho daquela senhora. Então eu apenas disse:

— Posso te dar um abraço?

Aquilo era a única coisa que eu tinha para oferecer àquela senhora naquele momento. E ela prontamente estendeu seus braços, e nós nos abraçamos.

Aquele abraço foi o que me deu força para dizer a ela:

– Nós vamos encontrar o filho da senhora.

Alguns militares que trabalhavam comigo viram aquela cena. Depois que ela deixou o Posto de Comando, seguimos as buscas por aquele garoto e pelas mais de duzentas pessoas que ainda estavam desaparecidas.

Já no dia seguinte, eu estava tomando um café próximo à área do refeitório e ouvi de longe a conversa de alguns militares de minha equipe, que não repararam na minha presença.

– Eu tenho certeza que a gente vai encontrar o filho dela.

– Como que o senhor pode ter certeza, subtenente?

– Porque o capitão falou pra ela.

– Mas só por isso?

– Cara, deixa eu te falar uma coisa. Eu tenho vinte e oito anos no Bombeiro. Quando um capitão virar e falar que a equipe dele vai encontrar alguém, é porque ele está confiando a sua palavra em cada pessoa da equipe. A esperança daquela senhora e a dele é na gente. Então nós vamos encontrar o menino e ponto.

Mesmo depois de tantos anos na corporação, naquele momento, percebi de forma prática o que é dar esperança para uma equipe. Eu confesso que ainda não fazia a mínima ideia de como encontrar o filho daquela mulher, pois as variáveis eram muitas, e as informações, poucas. Mas algo dentro de mim, e deles, dizia que era possível. Acima de qualquer "achismo", eu confiava no meu time, e eles confiavam em mim. Além disso, eu tinha dado esperança a uma mãe.

Durante muitos dias, aquela senhora voltou ao Posto de Comando, e a cada visita, assim que eu podia, ia até ela e simplesmente a abraçava. Muitas vezes, nem nos falávamos. Bastava um abraço para que, apesar de ainda não ter escutado o que precisava escutar, ela soubesse que nós não havíamos desistido, nem do filho, nem dela.

Até que um dia eu lhe dei o último abraço, e, junto com ele, a notícia de que nossas equipes finalmente haviam encontrado seu filho. Apesar de ser um momento tão triste para uma mãe, eu senti aquele abraço, de certa forma, mais leve, como se o peso de uma grande dúvida tivesse sido retirado daquelas costas, como se agora ela pudesse enfrentar de verdade sua dor e se despedir com dignidade de uma de suas histórias. Ela precisava fechar esse ciclo, confiar no que pudesse acreditar e seguir em frente, assim como eu e minha equipe também deveríamos fazer.

A esperança não é algo concreto, que se pode desenvolver. Nas relações profissionais, ela é fruto da confiança de um líder em sua equipe, que, sem se importar com as possibilidades, faz o impossível, transformando a esperança no alicerce de algo em que poucos acreditam.

> Dê **confiança**
> a quem lhe dá **esperança**.

Outro exemplo que utilizo para abordar os **FATORES DA CONFIANÇA** são algumas falas de discursos do general George S. Patton, no filme *Patton: Rebelde ou Herói?*, da década de 1970, que tem como protagonista um comandante do exército norte-americano durante a Segunda Guerra Mundial. Se você assistiu ao filme, sabe bem do que estou falando. Para quem não assistiu, seguem alguns trechos:

"Quando vocês aqui, cada um de vocês, eram crianças, todos admiravam o campeão de bolinhas de gude, o atleta mais veloz, o boxeador mais durão, os jogadores da primeira divisão de beisebol e os jogadores de futebol americano. Os norte-americanos adoram um vencedor."
(INSPIRAÇÃO)

"Vocês estão aqui por três motivos. Primeiro, estão aqui para defender seus lares e seus entes queridos. Segundo, estão aqui por seu amor-próprio, porque vocês não iam querer estar em nenhum outro lugar. Terceiro, estão aqui porque são homens de verdade, e todos os homens de verdade gostam de lutar."
(DIREÇÃO)

"Um homem deve estar alerta o tempo todo, se pretende continuar vivo. Se você não está alerta, em algum momento um alemão filho de uma grande puta vai chegar por trás de você e surrá-lo até a morte com uma meia cheia de merda!"
(ORIENTAÇÃO)

"Vocês, homens, são veteranos, ou não estariam aqui. Vocês estão prontos para o que está por vir."
(ESPERANÇA)

Portanto, a confiança entre líder e equipe é uma relação muito forte, como um compromisso de ambos os lados, entre aqueles que precisam cumprir uma tarefa. Quando um líder compartilha um plano de execução com pessoas de sua equipe em que confia, para revisar e para saber se acham possível cumpri-lo, esses membros pensam:
"Meu líder confia em mim, e eu o farei da melhor maneira possível".
Note que não estou falando de passar o problema para a frente. Estou demonstrando a possibilidade de um time jogar de forma integrada,

cada um na sua função e com suas obrigações e responsabilidades, sendo que a atitude de, quando possível, aproximar pessoas em quem confia de algumas decisões e de um plano que você estruturou aumenta a confiança de todos e, consequentemente, os bons resultados.

E, mesmo se o plano der errado, é responsabilidade do líder reestabelecer essa relação de confiança e destruir o pensamento negativo:

"Meu líder não confiará mais em mim, pois eu não cumpri a missão".

Nesse caso, o líder deve demonstrar a força dessa relação de mão dupla, reestabelecendo a confiança mútua:

"Vamos refazer este plano juntos, para que possamos executá-lo novamente".

Sendo assim, repito: não acredite numa fórmula mágica, algo padronizado, que baste seguir determinadas regras para se tornar um bom líder. A depender dos objetivos, do momento, dos recursos e de muitas outras variáveis, um membro de um determinado grupo precisará saber como agir para assumir a responsabilidade e liderar aquela equipe. Mas existem alguns elementos que são básicos:

> FAÇA O QUE AMA E AME O QUE FAZ.
> MONTE O MELHOR TIME.
> ALIMENTE-SE DE CONFIANÇA.

Portanto, se você tem um propósito bem definido; se, ao conhecer suas limitações, escolhe pessoas complementares e até melhores que você para compor seu time; se você inspira, direciona, orienta e dá esperanças para que essas pessoas ao seu lado possam cumprir determinada missão – inclusive as extraordinárias –, então, mais que um bom líder, você pode se tornar um **Especialista no Impossível**.

Conteúdo complementar

Discurso do almirante Willian McRaven, na Universidade do Texas (2014)

IKIGAI
Instituto Próspera

Moçambique,
Unicef Brasil (2019)

Brumadinho,
Correio da Esperança
(vídeo pessoal) (2019)

CONVIDADOS

MÔNICA DE SOUSA

Líder da Turma

Comecei a trabalhar com meu pai muito cedo, na loja que vendia os produtos da Turma da Mônica. Mas eu não queria estar lá por ser a filha do Mauricio. Para mostrar minha capacidade, precisava provar competência e muito interesse em aprender. Comecei a ajudar a trazer alguns contratos para a empresa, acabei me tornando gerente de um segmento, depois assumi a área comercial até chegar à direção executiva da Mauricio de Sousa Produções. Atualmente, sou responsável por uma grande equipe e comando o desenvolvimento de novos conteúdos de animação e projetos, a área digital e o licenciamento de mais de 3 mil produtos com mais de 150 empresas. Desde o começo, eu sabia que minha missão poderia ir além de ser a inspiração para a personagem mais famosa do Brasil.

Meu pai sempre incentivou seus filhos a terem sua própria personalidade, independentemente se eram meninos ou meninas. De certa forma, isso acabou sendo importante na criação da Turma da Mônica, pois muitos dos personagens são inspirados em algumas características de seus filhos, as quais inspiraram e continuam a inspirar diversas gerações, inclusive de mulheres que se tornaram líderes ou que, pelo menos, se sentiram mais fortes para reivindicar seus direitos de igualdade.

A Mônica é decidida e autoconfiante, acredita em seus sonhos e capacidades, além de possuir um grande sentimento de responsabilidade em relação a seus amigos. Engana-se quem acha que sua força maior é a física. Ela surgiu nos quadrinhos há quase sessenta anos e sempre mostrou que a mulher pode ter seu espaço, mesmo que algumas vezes tenha de dar algumas coelhadas, ainda que metafóricas, para garanti-lo. Também deixou claro que não é preciso seguir um determinado padrão de beleza e que a aparência está muito longe de ser o mais importante.

Então, a personagem dos quadrinhos e a executiva têm semelhanças, como a disposição para encarar desafios e ajudar a Turma a conseguir o que precisa, sabendo que cada um tem sua individualidade, mas sem aceitar qualquer impeditivo relacionado ao fato de pertencer a esse ou aquele gênero. Penso que este deve ser o papel de qualquer líder dentro de empresas de qualquer tamanho ou segmento de atuação: incentivar cada um a dar o seu melhor e se desenvolver de acordo com seus interesses e capacidades, tendo em vista o objetivo comum daquela organização, empresa, projeto, desafio...

Quando a Mônica apareceu pela primeira vez, em 1963, numa tirinha do jornal *Folha da Manhã*, a atual *Folha de S.Paulo*, poucas mulheres se formavam na universidade, e muitos trabalhos eram considerados inadequados para elas, além de elas serem impedidas de praticar alguns esportes, como o futebol. Sim, é difícil acreditar, mas existiam leis que proibiam as mulheres de fazerem suas escolhas, em nome de uma suposta proteção. Esse cenário mudou, mas ainda há muita coisa para ser feita. E são as novas gerações que têm a possibilidade de mudar isso. A violência contra mulheres e meninas tem raízes na discriminação e na desigualdade, começando muito cedo. Então, a prevenção começa com a educação de meninos e meninas, a fim de promover relações de gênero mais respeitosas ainda na infância.

Não tenho dúvida de que qualquer iniciativa e conversa que demonstre a capacidade que meninas e mulheres têm em suas relações profissionais e pessoais ajudam não apenas a elas, mas a toda a sociedade. Conheço muitos homens que foram impactados desde criança com tirinhas, quadrinhos, desenhos, filmes, peças de teatros e jogos que nos mostravam de forma lúdica essa necessidade de harmonia, tornando natural o respeito e o convívio. Homens e mulheres são iguais na diferença. Como são, naturalmente, as crianças.

E aqui vale mais uma volta para os quadrinhos. O Cebolinha não implica com a Mônica simplesmente porque ele é um menino e ela, uma menina. Ele a provoca porque se acha muito mais esperto. Este é um grande erro que não apenas os homens podem cometer. Muitas vezes, aqueles que se preocupam tanto em se fazer de espertos para assumir o controle de uma situação acabam se perdendo quando o conquistam, pois não sabem bem o que fazer com tantas responsabilidades, inclusive a de cuidar da Turma. Entretanto, fora dos quadrinhos, nem tudo é apenas mais uma brincadeira na Rua do Limoeiro.

Entendo que isso é um processo de aprendizado, mas que precisa ser acelerado. Lá atrás, a Turma também era formada só por meninos, como o Franjinha, o Cebolinha, o Chico Bento. Até que começaram a perguntar para o meu pai: "Cadê as meninas?". Depois da Mônica vieram a Magali, a Rosinha, a Marina, a Bonga, a Dorinha e tantas outras que inspiram muitas meninas no Brasil e no mundo a acreditarem que podem superar obstáculos com determinação, responsabilidade e solidariedade. Cada uma do seu jeito. Queremos usar essa força natural delas para que cada garota encontre o potencial que traz dentro de si, mostrando a beleza que existe na diversidade.

Em 2016, a Mauricio de Sousa Produções assinou os Princípios de Empoderamento das Mulheres da ONU – uma iniciativa da ONU Mulheres e do Pacto Global, que orienta o setor privado na promoção da Igualdade de Gênero no ambiente de trabalho, mercado e comunidade. Naquele mesmo ano, lançamos o projeto Donas da Rua, para ajudar nesse processo de empoderamento e reforço da autoestima das meninas.

Dentro do projeto, procuramos mostrar a elas, em postagens de redes sociais, exposições e outros conteúdos, exemplos de mulheres que se destacaram em várias áreas, entre elas os esportes, as artes e as ciências. Era comum na minha época de criança que as meninas sonhassem em ser aeromoças, muito porque não viam mulheres pilotas. Pela mesma razão, não sonhavam ser jogadoras ou engenheiras.

Com o projeto, fizemos mudanças de dentro para fora da empresa, começando com uma oficina da ONU Mulheres para nossos roteiristas e principais lideranças. Um dos resultados, que cito pelo simbolismo, é que as mães dos personagens deixaram de usar aventais, uma herança dos anos 1960, quando a maioria das mulheres ainda eram donas de casa. Com o projeto, também foi criada uma nova família de personagens negros, liderada pela Milena, que já nasceu protagonista.

Apesar de um dos primeiros personagens da Turma ter sido o Jeremias, antes mesmo do Cebolinha, sentíamos falta de mais representatividade. A Milena começa a chegar aos produtos licenciados, o que nos deixa muito felizes. Também temos ampliado os esforços para ter uma equipe cada vez mais diversa, pois acreditamos que empresas com mais equidade de gênero e diversidade trazem melhores resultados, pois estão mais atentas às necessidades do seu público.

A Mônica segue sendo a líder, a Dona da Rua. Mas não é só isso. Ela é inspiração para que muitas meninas se tornem fortes hoje, para serem mulheres incríveis amanhã e para que consigamos construir uma sociedade onde todos se sintam acolhidos e representados. E isso não é impossível.

A QUÍMICA
(QUE EXISTE)

No início de minha carreira no Corpo de Bombeiros, eu sempre começava meu dia com atividade física.

— Coloquem suas fardas de TFM (Treinamento Físico Militar) e se apresentem aqui em cinco minutos — dizia o sargento, gritando para os recrutas nas primeiras horas das manhãs de segunda-feira, ao iniciar uma semana de atividades no batalhão.

Após a liberação para colocar a farda, reuníamos o pelotão novamente em forma, onde a inspeção do uniforme era feita detalhadamente, para conferir se os soldados poderiam ir para as ruas desempenhar suas atividades de maneira a representar bem a instituição. Os tênis deveriam ser todos pretos, e as meias, estupidamente brancas, sem estarem esgarçadas na canela; os shorts vermelhos não poderiam estar amarrotados ou desbotados, e as camisas precisavam estar bem-passadas, com os vincos formando uma linha que ligava os ombros às mangas.

Com o pelotão em forma, o sargento passava todos os exercícios que seriam feitos naquele dia:

— Vamos sair do nosso quartel e correr até o Mineirão (o estádio de futebol, que ficava a cerca de 2 quilômetros de distância). Chegando lá vamos dar duas voltas na parte externa do estádio. Faremos uma parada para a execução de 50 polichinelos, 20 flexões de braço e 30 abdominais. Essa sequência deverá ser repetida três vezes. Ou seja, daremos seis voltas e faremos, a cada duas, essa sequência de exercícios que informei aos senhores. Lembrando que o banho faz parte da educação física, e eu não quero recruta fedendo a carniça na sala de aula.

Assim eram praticamente todas as manhãs. Corridas, com atividades aeróbicas, de força muscular, natação e competições. O grupo deveria correr sempre junto, no mesmo ritmo, que era puxado geralmente por um sargento maratonista – para acelerar ainda mais a atividade –, que entoava algumas canções militares.

Olê lê, ola lá
Pare para ver
O bombeiro passar
Ele é tropa de elite
Corre e nada sem parar
Que beleza
Você parado
Vendo o bombeiro passar.

Alegria, alegria
Sinto no meu coração
Já raiou um novo dia
Vou cumprir minha missão
A missão da Academia
Que é de muita ralação
A missão da Academia
Que é de muita vibração

Bicho danado, chato e aloprado
É o soldado, é o soldado
Bicho danado, chato e nojento
É o sargento, é o sargento
Bicho danado pra pegar no pé da gente
É o tenente, é o tenente
Bicho danado pra arrumar uma prisão
É o capitão, é o capitão

Para iniciar as corridas, tínhamos de marcar as palmas junto com a pisada do pé esquerdo, para que todos estivessem no mesmo passo, com uniformidade. Alguns dias eram de mais voltas e mais exercícios dentro do mesmo intervalo de tempo. Não preciso dizer que alguns alunos não conseguiam acompanhar e ficavam pelo caminho, já que o ritmo era intenso.

– Parabéns ao grupamento! Está parecendo um foguete, deixando um monte de pedaço para trás – dizia o sargento.

Ao chegarmos ao quartel e após o banho, entrávamos em forma e anotávamos as tarefas diárias:

– Retirem seus blocos e escrevam:
- Aula de atendimento pré-hospitalar na parte da manhã.
- Aula de salvamento em altura no primeiro horário da tarde.
- Após o intervalo, aula de mergulho.

E não se esqueçam: para serem liberados, vocês precisarão subir, escalar o cano por onde os bombeiros formados descem.

Tínhamos de anotar tudo e depois riscar as tarefas conforme elas eram concluídas. Caso tivéssemos tarefas extras, estas também precisavam ser colocadas no bloco de anotações e riscadas posteriormente.

Eu jamais entendi para que servia aquilo, mas o fato é que, após a conclusão daquelas tarefas, dava um prazer enorme riscar tudo da lista. Além disso, nos dias em que tínhamos TFM, que acontecia sempre nas primeiras horas, nosso desempenho parecia

> ser superior aos outros dias em que não tínhamos atividades físicas pela manhã.
>
> Toda essa intensidade de atividades físicas e tarefas ao longo do dia não nos permitia pensar muitas vezes no porquê daquilo tudo, mas o fato é que tínhamos de cumprir o que era determinado pelos nossos instrutores.
>
> Na verdade, muitos deles não sabiam por que tinha de ser assim: atividade física intensa, missões a serem anotadas, riscadas, improvisação de planejamento... E, se alguém perguntasse, os instrutores responderiam:
>
> – Sempre foi assim.

Depois de passar por essa experiência, minha curiosidade aguçada me fez buscar pelos tipos de treinamento militar ao redor do mundo, e o que constatei foi: todos eram assim.

Mas um dos que me chamou mais a atenção foi o modelo da marinha norte-americana, os Navy's SEALs. Essa é uma equipe preparada para operar no mar (_SE_a), no ar (_A_ir) e na terra (_L_and), sendo formada por militares altamente capacitados para atuar em operações especiais. Eles eram treinados intensamente através de uma metodologia bem definida, que trouxe respostas para as minhas perguntas.

E assim, ampliei minhas pesquisas sobre metodologias para criar o curso que mencionei anteriormente, o CSSEI – Curso de Salvamento em Soterramentos, Enchentes e Inundações –, que, para facilitar o entendimento no decorrer deste livro, vou chamar de "Curso de Operações em Desastres". Essas metodologias já eram utilizadas havia anos por muitas equipes de operações especiais ao redor do mundo, que simplesmente copiavam aquele modelo, sem saber por quê.

Descobri que fazer atividades físicas, realizar anotações e riscá-las ao cumpri-las, além de propiciar maior desempenho físico e intelectual, estão relacionadas à liberação de algumas substâncias químicas e hormônios que fazem com que nosso rendimento aumente significativamente. O objetivo final do treinamento para militares é que eles desenvolvam capacidades extremas, de acordo com a bioquímica liberada no seu organismo, de modo a alcançar resultados melhores.

Fato é que o treinamento de um militar especializado, que visa prepará-lo para situações extremas, de alto risco e complexas, não precisa ser o mesmo treinamento que é dado para o indivíduo que tem uma atuação rotineira e está, normalmente, em busca de uma melhor forma física. Entretanto, a preocupação do público em geral com o físico tem se tornado rotina. Ainda bem, pois isso gera uma vantagem, para que tenham melhor desempenho em suas atividades, mesmo que elas não dependam diretamente de seu físico.

Há muitos anos que as academias viraram uma moda para uns e uma necessidade para outros, tanto que muitas redes espalham lojas e professores por diversas localidades, com diferentes perfis de público. Até mesmo os empreendimentos imobiliários passaram a investir em espaços para a prática de exercícios físicos para atrair potenciais compradores. Muitos moradores acabam nem usando esse espaço, mas a mera sensação de ter algo próximo a eles já parece preencher a necessidade de cuidar melhor da saúde. Da mesma forma, há muitas pessoas que decidem se matricular numa academia, pagam todas as mensalidades em dia, mas frequentam com entusiasmo apenas as primeiras semanas. Todo mundo conhece alguém com esse perfil – isso se essa pessoa não for você mesmo. Mas apenas a sensação de ter acesso àquele ambiente já desperta um sentimento de prazer, como se o primeiro passo, ao realizar a matrícula, já causasse um efeito positivo no corpo. Mas sinto informar: ainda não conheci ninguém que teve essa sorte.

Ter sorte **é bom**.
Mas estar preparado **é melhor**.

Outro exemplo da prática de exercício físico é o *crossfit*, que surgiu a partir da adaptação de exercícios tipicamente militares e acabou se tornando bastante popular por gerar um resultado relativamente rápido para os praticantes, por meio de atividades intensas, que demandam um desempenho elevado em um curto espaço de tempo.

Claro que cada profissão exige um tipo de preparo diferente. Um advogado e uma médica não precisam ter obrigatoriamente o mesmo treinamento de uma atleta. Até mesmo no esporte, um tenista e um piloto de automobilismo não realizam exatamente os mesmos exercícios de uma jogadora de vôlei ou de basquete, que precisam treinar mais saltos, bloqueios e passes, já que suas modalidades são praticadas em equipe.

O que se destaca aqui é a importância de um treinamento adequado ao perfil e aos objetivos de cada indivíduo, a fim de melhorar seu desempenho físico e emocional, a fim de lidar com diferentes situações. Muitas das minhas decisões em campo, mesmo lidando com situações completamente diferentes e nunca antes vividas, foram baseadas na bagagem que eu trazia de muitos treinamentos de força, precisão, cálculo, química, geografia, comunicação e tantos outros, principalmente técnicas para equilibrar a emoção e a razão.

Portanto, cabe ao líder entender quais são esses elementos e como estimulá-los (ou desestimulá-los), a fim de que seu time tenha um desempenho superior.

A seguir, descrevo alguns desses elementos, lembrando que aqui não há a pretensão de explicar com detalhes todas as suas propriedades. Para que mais pessoas possam entendê-los e utilizá-los, optei por simplificar suas definições e direcioná-los aos efeitos que podem causar no trabalho em equipe.

▸ **Endorfina**

A endorfina é o hormônio que está ligado ao prazer que se sente durante ou após uma atividade física. Aquela sensação de bem-estar que faz com que nosso rendimento físico e mental, e, consequentemente, o do nosso time, seja melhor e altamente perceptível durante o dia.

As equipes de operações especiais em todo o mundo têm como premissa a prática de exercícios físicos nos seus treinamentos ou nos seus turnos de serviço, não só pelo fato de as atividades militares – sejam dos bombeiros, dos policiais, sejam das forças armadas – exigirem higidez física para o cumprimento de suas missões, mas por as equipes de alta performance precisarem ter um desempenho elevado durante todo o seu turno, cumprindo tarefas complexas, muitas vezes em um curto espaço de tempo.

Portanto, se um líder de qualquer natureza deseja que seu time tenha um alto desempenho, deve incentivar a prática de atividades físicas, sem exageros e na medida certa para cada atividade profissional. Mas não se esqueça de que líderes devem dar o exemplo.

Bons exemplos **combatem** maus hábitos.

Percebe-se, atualmente, uma tendência de várias empresas a incentivar a prática de atividades físicas de suas equipes, por meio da criação de espaços ou adequações físicas em suas instalações para esse fim, além de oferecerem vestiários com chuveiros para que os funcionários possam ir ao trabalho em suas bicicletas ou fazendo corridas pela manhã. Não raro, as empresas têm feito parcerias com academias de ginástica, musculação ou natação, para disponibilizar essas atividades como um benefício a mais aos seus funcionários. Para isso, os treinos devem ser realizados de forma que não prejudiquem as atividades profissionais, até mesmo no horário de almoço ou com redução de carga horária em algum dia da semana.

Outra forma que algumas empresas têm descoberto para estimular a prática de atividades físicas e ainda promover o espírito de trabalho em equipe é a realização de partidas esportivas periódicas ou a participação em corridas e maratonas, que muitas vezes são patrocinadas pela própria instituição e exigem um treinamento frequente para alcançar metas individuais de cada "atleta" ou do time a qual ele pertence. Nesse caso é totalmente verdadeira aquela frase que diz: "O importante é competir".

Mais um exemplo, entre tantos que eu poderia abordar, é a criação de metas de perda de peso entre os funcionários sedentários. Sim, pode até parecer de mau tom à primeira vista, mas essa é uma prática comum, senão abertamente organizada por grupos de colegas de uma mesma empresa, que usam o estímulo da competição para "ganhar o jogo" e normalmente algum prêmio dos amigos, como o pagamento da mensalidade da academia ou até mesmo uma pizza no final de semana. Note que aqui não estamos tratando da busca pelo corpo perfeito de uma modelo ou da escassez de gordura no corpo de um nadador profissional. Estamos falando de como é possível para qualquer pessoa ter acesso à endorfina gerada por essas atividades, a fim de aumentar seu desempenho nas atividades profissionais e na sua vida pessoal.

Aqui vai mais uma sugestão muito simples. Incentive as pessoas ao seu redor a usarem as escadas, em vez de elevadores. Além de ajudar o mundo economizando energia, essa é uma excelente forma de agitar os músculos. Coloque uma placa ao final de cada lance de escadas:

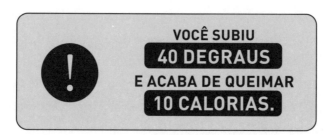

Por fim, vale reforçar que, para a grande maioria dessas empresas, a intenção principal não é criar atletas. A ideia é incentivar uma melhoria na qualidade de vida de todos, pois, além de prevenir as faltas por motivos de saúde, isso também refletirá diretamente no desempenho profissional diário do funcionário, ao liberar endorfina em seu corpo.

▸ **Dopamina**

A dopamina é responsável por ativar a sensação de recompensa do cérebro, aquele prazer de algo conquistado ou de uma tarefa concluída. Dessa forma, quando você anota uma tarefa a ser cumprida e finalmente a cumpre, tem um sentimento prazeroso de dever cumprido.

> Missão **dada** é missão **cumprida**!

Ao assistir àqueles documentários de aventura que mostram um escalador sofrendo para subir uma montanha pelo lado mais difícil, muitas pessoas devem se perguntar: Por que ele decidiu fazer aquilo? Ou, então: O que ele sente quando chega ao topo de uma montanha? Atingir o pico é o objetivo que esse escalador traçou em sua mente. E a sensação de alcançar sua meta está atrelada à geração de dopamina.

Outro exemplo é quando alguém faz uma lista de supermercado e, aos poucos, vai colocando os produtos em seu carrinho de compras e riscando um a um os itens de sua lista. Ele nem sabe, mas está jogando pequenas doses de dopamina na sua corrente sanguínea, de modo a recompensar uma tarefa cumprida.

Um fato curioso, que aconteceu em casa, foi quando minha esposa, ao conferir as compras que tinha feito com o auxílio de uma lista, viu que tinha comprado alguns itens a mais do que estavam previstos inicialmente. Mesmo assim, antes de colocá-los no carrinho, ela os anotava na lista e depois riscava. Ou seja, inconscientemente ela estava se dando uma dose extra de dopamina!

Portanto, ter objetivos e metas escritos em um papel ou um painel, podendo riscá-los quando alcançados, faz com que as pessoas tenham esse sentimento do dever cumprido. Por isso, muitos líderes incentivam os *checklists*, compartilhados em uma nuvem na internet, escritos em painéis para todos acompanharem, ou através de *post-its*, que também ajudam a colorir as paredes e as mesas dos escritórios.

> Como já comentei aqui, em 2017, eu fiz aquele Curso de Gestão de Desastres para deslizamentos de terra e terremotos no Japão, o "Disaster Management for Landslides and Earthquakes".
> O Japão sabe gerenciar desastres. O país tem, em média, 300 terremotos e 100 mm de chuva por mês. Também por isso, desenvolveu e planejou uma sociedade resiliente. Para se ter uma ideia da importância que dão ao preparo da população e também dos turistas, assim que cheguei ao país, recebi uma cartilha que demonstrava, em diferentes idiomas, como deveríamos agir no caso de um terremoto. Isso demonstra o quanto é importante se antecipar e preparar as pessoas preventivamente, e não apenas pensar nas formas de socorrê-las. Então, como muitas vezes a esfera pública não consegue atingir a totalidade de proteção desejada pela população, e isso vale para qualquer lugar do mundo, a JICA foi pensada para atuar na propagação do conhecimento da sociedade como um todo na área de preparação, prevenção e mitigação de desastres. A partir disso, essa agência seleciona pessoas ao redor do mundo para trazerem os problemas de seus países, a fim de encontrarem uma solução de acordo com o que possuem de conhecimento e tecnologia. E eu tive o privilégio de ser um desses selecionados e ter contato

com novas técnicas e metodologias, além de absorver um pouco mais da curiosa, incrível e preciosa cultura japonesa.

Durante mais de dois meses, eu aprendi o método de identificação de áreas de risco, a avaliação de vulnerabilidades e dos perigos envolvidos nos processos geológicos, a construção de mapas de risco, bem como as medidas necessárias para evitar esses problemas. E nesse curso eu também tive contato com uma técnica de metas e objetivos chamada **KANBAN**.

KANBAN

O método KABAN foi utilizado no sistema Toyota Just-in-Time, que, resumidamente, é aplicado para a melhoria da gestão de produção, evitando desperdícios e aumentando a competitividade da indústria.

Não me cabe aqui discorrer sobre a origem do método e como ele foi desenvolvido, mas vale mostrar que o sistema visual tem como premissa o foco no cumprimento da tarefa. Basicamente, trata-se de uma divisão em: tarefas a serem feitas (FAZER), tarefas em progresso (FAZENDO) e tarefas cumpridas (FEITAS), que ficam divididas em três partes e listadas em *post-its*.

FAZER	FAZENDO	FEITO

> Essa metodologia visual faz com que a equipe ou o indivíduo verifiquem seu progresso e se motivem a concluir seus objetivos, recebendo, assim, inconscientemente, a sua dose de dopamina por ter cumprido a tarefa.

Em nossas atividades, os militares utilizam o bloco de anotações das missões, das técnicas e dos objetivos a serem cumpridos, fazendo com que o desempenho da equipe aumente significativamente. Em algumas seções administrativas, colocamos *post-its* do que foi feito em um painel mensal das tarefas cumpridas (mais adiante explicarei o porquê desse painel).

Portanto, se o líder quer que seu time tenha um alto desempenho, deve incentivar sua equipe a fazer uma lista das tarefas ou missões a serem cumpridas, para que cada um de seus integrantes possa ver e "sentir" o progresso no cumprimento das missões.

▶ **Serotonina**

Esse é um hormônio que está ligado às ações de reconhecimento e gratidão, além de promover maior concentração e ânimo para a realização de tarefas.

> No meu primeiro ano como oficial formado, fui agraciado com a medalha de mérito profissional do Corpo de Bombeiros de Minas Gerais.
>
> Naquele ano, eu e minha equipe havíamos feito muitos treinamentos nas horas de folga. Eu já havia me interessado pela área de salvamento em desastres e procurava cada vez mais estudar a gestão de crises e riscos de desastres. Então, formamos um grupo, como se fosse uma força tarefa, para atender às ocorrências

mais complexas do período chuvoso, e, consequentemente, conseguimos resultados muito acima do esperado.

As condecorações com medalhas são muito comuns no meio militar e vêm precedidas de uma solenidade, à qual convidamos a nossa família, nossos amigos ou parentes mais próximos, para dividir conosco aquele momento. Lembro-me bem dessa cerimônia, em que meus familiares estavam presentes. Ao ser agraciado com a minha primeira medalha, prestando continência à autoridade militar, olhei para meus pais. Recordo-me perfeitamente da minha mãe, com as duas mãos junto ao peito e com um sorriso estampado no rosto, dizendo para mim, de maneira bem devagar para que eu pudesse fazer a leitura labial, à distância:

– Estou tão orgulhosa!

Olhei para o meu filho, que também sorria e me fazia um "joia", dizendo, à sua maneira, o mesmo que minha mãe expressava. E, ao lado dele, minha esposa me mandava um beijo, demonstrando seu reconhecimento e sua parceria, por compreender todo o meu empenho àquela profissão.

Era muito bom ver que a minha família estava ali, feliz de me ver receber aquela medalha, pois ela era a materialização de todo o meu esforço, das horas de treinamento, da ausência de casa e dos riscos que os bombeiros enfrentam todos os dias nas mais diferentes operações. Porém, eu não estava me sentido feliz por completo.

A medalha foi dada a mim, mas eu tinha a consciência de que não havia feito aquilo sozinho. Não deveriam homenagear um só militar pelo cumprimento da missão, mas sim todo o seu grupo.

Então, no dia seguinte, tirei uma cópia do certificado da medalha e imprimi no verso do papel o nome de cada um dos militares que trabalhavam na minha equipe. Recortei os nomes

> em tiras e, no meu plantão seguinte, reuni todos no refeitório e entreguei um pedaço do papel para cada um, dizendo a eles:
> – Cada um de vocês está recebendo um pedaço de papel que tem, de um lado, o seu nome, e do outro, um desenho. Se todos vocês juntarem seus nomes, seguindo da maior para a menor graduação, poderão ver o diploma dessa medalha que recebi ontem e estou segurando agora. Ela foi dada a mim, mas eu jamais poderia tê-la ganhado se não fosse a ajuda de cada um de vocês. Como eu não tenho uma medalha para dar a todos, aceitem um abraço como forma sincera do meu reconhecimento por tudo que fizeram.

O agraciamento, a gratidão e o reconhecimento têm efeitos não apenas para o indivíduo que os recebe, mas também para sua equipe. E isso tem uma explicação bioquímica. Quando alguém próximo a nós é agraciado, a serotonina é liberada no nosso organismo e no de todos os presentes que torcem pelo homenageado e sentem orgulho de ver e dividir com ele esse momento.

As medalhas, os troféus e os diplomas são a materialização de um esforço realizado, e a sensação de gratidão que ela gera libera a serotonina na corrente sanguínea. Por isso, qualquer premiação é uma forma de reconhecimento importante, independentemente do valor financeiro ou material envolvido no prêmio.

Imagine alguém se formando no curso superior e recebendo um e-mail com os seguintes dizeres:

"Parabéns, você concluiu a sua graduação com mérito."
P.S.: Em anexo, segue o diploma em PDF.

Em alguns casos, isso seria perfeitamente compreensível, como nas instituições de ensino à distância, mas muitos alunos ainda preferem o reconhecimento público, a cerimônia da colação de grau, com a presença dos parentes assistindo à entrega desse "prêmio", o diploma para colocar na parede ou simplesmente esquecer dentro de uma gaveta. Mesmo assim, o aluno formado o deseja. É para isso que servem as comemorações e os agraciamentos. Ou seja, ao atingir as metas, que, como vimos, devem ser bem definidas, para que saibamos quando uma missão é concluída, o reconhecimento é mais uma maneira de incentivar a continuidade do bom trabalho que vinha sendo realizado.

Todo mundo gosta de ser parabenizado por um trabalho bem feito, mas é importante que seja na medida certa, para que esse reconhecimento também seja validado pela sua equipe. Uma "medalha" dada a alguém que não a merece, perante os olhos das pessoas que estavam ao seu lado e conhecem suas capacidades, ou, até mesmo, que seja resultado de um feito que não é reconhecido pelo seu time, pode gerar um efeito contrário e destruidor dentro de uma instituição.

Os reconhecimentos individuais, quando não são bem trabalhados, podem ser um "tiro no pé". Em qualquer empresa, ninguém faz um trabalho sozinho. Ninguém consegue cumprir uma missão sem a colaboração, mesmo que indireta, de outras pessoas, sem uma motivação gerada ou sem o apoio de alguém.

Por exemplo, no Corpo de Bombeiros, a menor equipe é a dupla. Se você vai mergulhar, mergulha em dupla. Se vai entrar em um incêndio, entra com, no mínimo, mais um bombeiro ao seu lado.

Em alguns de nossos treinamentos, amarramos dois militares pelos braços para cumprirem juntos determinada missão. O lado esquerdo de um e o direito do outro devem trabalhar de forma complementar para a realização da prova. Imagine-se segurando um prego para que seu companheiro possa martelá-lo em poucos segundos. Vou explorar esse exemplo mais à frente. O que mais importa aqui é mostrar que, nos Bombeiros, um deve confiar no outro, para se tornarem um Corpo.

> **Confiar** é diminuir ao máximo
> a distância entre duas pessoas.

De certa forma, mesmo nos esportes individuais, as conquistas são coletivas. Na Fórmula 1, o piloto precisa do trabalho da sua equipe do box para trocar pneus e abastecer no menor tempo possível; dos mecânicos para ajustar o carro para cada tipo de pista e, se formos um pouco mais longe, o piloto pode precisar até mesmo do vácuo causado por seus adversários para conseguir correr mais rápido na pista e realizar ultrapassagens. Os nadadores precisam dos seus treinadores, fisioterapeutas, patrocinadores e até mesmo de uma piscina sempre limpa e clara para treinar e, assim, alcançar um título. Até a torcida incentivando e ditando o ritmo das braçadas pode ajudar na obtenção de um novo recorde. É um trabalho e uma conquista do time.

Conseguimos perceber claramente esse sentimento de equipe bem desenvolvido em jogos coletivos, como o futebol. Quando um jogador dá uma entrevista, depois de efetuar uma partida brilhante e fazer gols, ele frequentemente agradece aos companheiros de time e ao seu técnico, reiterando que, sem o trabalho do "professor", a vitória não seria possível, lembrando ainda o apoio de sua família e de Deus.

Agora, cuidado. Ainda vemos em algumas lanchonetes e em outras empresas as belas e concorridas fotos de funcionários estampadas nas paredes com os dizeres "Funcionário do mês" ou "Destaque do mês". Dependendo da forma como essa campanha interna é incentivada, esse tipo de premiação pode fazer com que disputas, invejas e outros atritos venham a surgir no ambiente de trabalho. Não se pode perder de vista que o sanduíche que o "Destaque do mês" preparou dependeu do sorridente funcionário do caixa para vendê-lo, do cuidadoso motorista do caminhão para transportar todos os ingredientes até a loja, da atenciosa estagiária para cadastrar e armazenar todos os itens corretamente na dispensa, do talentoso chef que inventou a receita depois de testar muitos sabores, do criativo funcionário do marketing que fez a campanha e colocou um brinde especial junto ao sanduíche, e do gerente rabugento, que, quase como um sargento, ficou de olho no horário exato da chegada dos funcionários, verificou com insistência se o balcão de trabalho estava realmente limpo, e comemorou com todos quando as metas de atendimento daquele plantão foram atingidas, incentivando ainda mais a sua equipe, incluindo o "Destaque do mês".

Assim funciona o Corpo de Bombeiros. Por exemplo, quando um militar executa um brilhante salvamento no alto de um viaduto, é preciso lembrar que ele só chegou àquele local porque um militar conduziu a viatura que o levou rapidamente e em segurança até a ocorrência. Um outro militar estava segurando sua corda, conforme os exaustivos treinamentos que tiveram com diversos instrutores na academia. E seu comandante havia lhe confiado aquela missão. Ou seja, um verdadeiro líder deve reconhecer o trabalho coletivo, por mais que os reconhecimentos individuais sejam importantes.

Quando funcionários se dedicam além do normal, batem metas, desenvolvem produtos ou processos que melhoram a performance da empresa, é importante deixar claro que, mesmo assim, o ganho individual advém de um trabalho coletivo. É claro que ele tem todo o mérito pelo seu esforço, mas não deve estar sozinho.

Sempre que possível, esse senso coletivo, de time, deve ser fortalecido nas premiações, pois quanto mais a equipe percebe que o líder reconhece a importância de cada um no processo, mais entrosamento e harmonia haverá na execução das tarefas. Eles saberão que, por melhor que um indivíduo seja, o cumprimento da missão só é válido quando existe a noção de senso coletivo e de que cada um faz sua parte no todo. Esse senso é evidente em profissões como a dos bombeiros militares, uma vez que, em diversas situações, aquilo que você tem de mais importante está nas mãos do seu colega: a sua vida. Então por mais heroico que seja um salvamento ou uma cesta de três pontos nos últimos segundos da partida final de uma competição, lembre que alguém estava segurando sua corda ou que um companheiro do time deu o passe, enquanto o outro fazia um bloqueio que permitiu aquele seu arremesso que deu o campeonato "para o seu time".

Se você realmente quer saber se está fazendo um bom trabalho como líder, veja se seu time reconhece sua participação na vitória e se você realmente sente que a sua vitória só foi possível graças ao trabalho da sua equipe. É serotonina na veia.

▸ Ocitocina

A ocitocina, ou oxitocina, é chamada de o hormônio do amor, do afeto, da empatia. Ela é liberada durante a amamentação. Isso explica a sensação de prazer que a mãe tem ao amamentar um filho. Mas não é preciso ser mãe para sentir seus efeitos. Estudos comprovam que abraços longos e duradouros, em sinal de gratidão, também liberam a ocitocina no organismo das pessoas. Você já viu alguma mãe nervosa enquanto amamenta seu bebê? Ou alguém extremamente chateado enquanto faz uma ação de caridade e recebe um bom abraço como recompensa?

Mas o que isso tem a ver com liderança?

Observe que os grupos de pessoas e times que exercitam a gratidão após a conclusão de suas tarefas acabam por liberar em seu organismo esse hormônio, o que induz a sensação de prazer no cumprimento da missão.

Imagine, por exemplo, um jogador durante uma partida de futebol (atividade física, libera **endorfina**). Ele faz um gol (missão cumprida, libera **dopamina**) e comemora abraçando os companheiros de time e o seu técnico (agradecimento, libera **ocitocina**), tem seu nome gritado pelos torcedores e é, ainda, premiado ao final do jogo (reconhecimento, libera **serotonina**).

Aqui está um ciclo completo de elementos que reúnem os "hormônios da felicidade". Se bem dosado, essa sensação pode ser estendida, fazendo com que o indivíduo, o jogador neste caso, tenha ainda mais prazer em executar sua atividade e entre com esse desejo a cada nova partida, a cada nova missão.

Podemos perceber que essas atividades, se estimuladas corretamente pelo líder, podem ajudar muito o desempenho de uma equipe. Isso é fisiológico. É assim que funcionam as equipes militares que atuam em operações especiais. Eu posso acompanhar isso diariamente, com os Bombeiros. Não é à toa que essa é uma das profissões com um dos maiores índices de aprovação da população. Ao surgir uma ocorrência, que, na maioria das vezes, envolve esforço físico (lembre que o bombeiro precisa subir as escadas de um prédio em chamas, com cerca de 30 kg de equipamentos nas costas), precisamos cumprir nossa missão de salvar vidas ou bens. E, ao concluí-la com sucesso e receber o agradecimento de quem foi ajudado, temos a melhor sensação possível: a de ajudar o próximo. Ocitocina em êxtase.

Ajude alguém
e **salve** a você mesmo.

Vale ressaltar que, no caso da ocitocina, podemos liberá-la também através da caridade.

Possivelmente você já ouviu esta frase: "Fui ajudar, mas fez muito mais bem para mim do que para as pessoas que eu ajudei".

Essa é uma das sensações provocadas pela ocitocina. Não é à toa que grandes empresas estimulam ações de doação junto a seus funcionários.

No quartel, lembro-me de fazermos o Natal das Crianças, arrecadando brinquedos e indo distribuí-los em comunidades carentes no caminhão dos bombeiros. Foi o máximo ver a reação das crianças e de seus pais quando nossos homens e mulheres desciam daquele enorme carro vermelho, cheio de luzes e sirenes, para estar com eles, agora, num momento de alegria e confraternização. Outro marco importante foi quando convidamos crianças com câncer a passar o dia fazendo atividades no quartel junto com a tropa. Isso não era só um dia diferente na rotina delas, mas fez um bem enorme para todos nós, estimulando ainda mais a união do grupo.

Mas eu tenho uma má notícia para você que pensa: "Eu já doei dinheiro". Não adianta!

Claro que o repasse de recursos é importante para qualquer instituição, além de uma bela contrapartida social para empresas e indivíduos que podem fazê-lo uma vez ou com frequência. Mas esse sentimento de prazer fisiológico de que estamos tratando aqui não está relacionado a dinheiro. É sobre um esforço pessoal, de tempo, de atenção. Imagina alguém virar para você e dizer:

– Ontem eu dei cem reais para uma pessoa que estava precisando.

Provavelmente você vai olhar e pensar: "Que cara esnobe".

Mas e se essa mesma pessoa dissesse para você:

– Ontem reunimos um bom grupo de pessoas e fomos reformar um asilo que estava precisando.

Provavelmente você sentirá algo bom e pensará que também poderia fazer isso ou algo parecido, pois muitas vezes a caridade depende apenas do seu tempo e de algum esforço a mais no seu dia. E, se ainda for possível utilizar alguma de suas habilidades e conhecimentos adquiridos ou relacionados à sua profissão, melhor ainda. É uma bela forma de agradecer e uma contrapartida que você tem condição de passar para a frente, em retribuição por tudo, mesmo que seja pouco, do que você já conseguiu alcançar até ali. Mesmo que seja um abraço, um tempo para ouvir ou contar uma história.

É por isso que o verdadeiro líder deve saber explorar as atividades de caridade e de gratidão, não só pelo fato de que fazer bem ao próximo deve ser o objetivo final de qualquer empresa no mundo, mas também porque ações como essas podem estimular um bom planejamento, o trabalho em equipe e a busca por metas relacionadas ou não aos objetivos diretos da empresa, servindo ainda para avaliar várias competências e dificuldades do grupo, além de desenvolver habilidades que não podem ser estimuladas nas atividades rotineiras do trabalho.

Por outro lado, se você não pratica alguma forma de caridade, pode até se sentir indiferente. Mas também nunca se sentirá bem pela generosidade que deixou de fazer. A "falta da caridade" é a lacuna que existe na maioria dos indivíduos, pelo fato de não enxergarem como suas ações podem fazer a diferença no mundo.

Portanto, eu considero essa **química** uma das principais técnicas que um líder pode exercitar para o desenvolvimento de um bom trabalho em equipe. Ela é extremamente eficiente e tem efeitos que podem ser percebidos rapidamente. **Endorfina**, **dopamina**, **serotonina** e **ocitocina**, os chamados "hormônios da felicidade", se trabalhados de maneira bem dosada na rotina das empresas, podem aumentar muito a eficiência e a produtividade de qualquer equipe.

Mas como quase tudo na vida tem dois lados...

> Durante nossas atividades físicas no Corpo de Bombeiros, muitas vezes, após cumprir a sequência que havia sido indicada para aquela manhã, o sargento falava para a tropa:
> – O desempenho de vocês está ótimo! Por isso, vão fazer mais duas voltas de corrida e uma nova série de exercícios.
> Ou então, quando era sexta-feira, dia em que teríamos a liberação para o descanso no final de semana, o sargento surgia e dizia:

> – Eu vou ficar com muita saudade de vocês no final de semana. Por isso, hoje só vou liberá-los depois da meia-noite.
>
> Às vezes algumas pessoas até evitavam levar um problema para ele sem já ter pensando numa solução, pois poderia ouvir:
>
> – Já que você veio me trazer um problema, avise ao pelotão que vou escalar você e mais três para o serviço neste fim de semana.
>
> Assim, uma das nossas tarefas nesse período era tentar não esbarrar com o sargento às sextas-feiras.

Tenho certeza de que muitos leitores se identificaram com algumas dessas situações, que devem se refletir em suas rotinas profissionais.

Tudo isso também me parecia terrível, mas tinha uma finalidade que eu não conhecia à época. Até acredito que muitos desses oficiais não sabiam os reais efeitos que poderiam estar causando em seus subordinados. Na cabeça de muitos, essas provocações, vamos chamar assim, serviam para gerar frustração ou estresse, como uma forma de punição por algo quase sem sentido, ou até como uma maneira de demonstrar autoridade. Mas, para um bombeiro, para muitas profissões e para outras situações em nossas vidas, estar acostumado a gerenciar incertezas é essencial. Devemos saber que a qualquer momento, num instante, tudo pode mudar. Devemos estar cada vez mais preparados para mudanças inesperadas, a fim de nos antecipar a elas, já tendo adquirido muitos conhecimentos e aprendizados para decidir como agir, se necessário. Muitas vezes sabemos que algo vai acontecer, só não sabemos bem onde, quando e exatamente o quê.

Vai acontecer.
Falta descobrir **quando** e **onde**.

O grande problema é que essas situações de mudança repentina nos planos não são bem gerenciadas por todas as pessoas. Enquanto alguns bombeiros sofriam com isso, outros conseguiam controlar a ansiedade e simplesmente faziam o que lhes havia sido determinado. A partir do momento que o sargento decidia que a tropa iria dar uma ou duas voltas a mais ou que faria mais algumas séries de exercícios, "nem se chovesse Coca-Cola", como ele mesmo dizia, mudaria sua ordem. Então, ficar nervoso, sofrer ou relutar só faria mal para quem não acatasse a mudança e realizasse a tarefa. Assim, aqueles que prosperavam eram os que sabiam gerenciar seus sentimentos a partir de uma notícia ruim ou de uma decisão, a princípio, frustrante, como ter de cancelar o plano de ficar relaxando à beira da piscina do clube no final de semana, para assumir um plantão extra, seguindo as ordens de seu sargento.

Mas no tempo em que eu integrava essa tropa, ninguém havia nos ensinado a lidar com essas frustrações. E, na maioria das vezes, todos ficávamos revoltados, sofrendo à toa e reclamando com os colegas. Mal sabíamos, também, que isso tudo era influência do **cortisol**.

▸ Cortisol

É o hormônio do estresse, do medo, do "Lute, Fuja ou Paralise-se", quando estamos diante de uma cena desconfortável.

O cortisol pode afetar nossas atitudes e relações com o trabalho, tarefas e pessoas, pois, quando ativado em grandes quantidades, é um dos principais responsáveis por destruir uma equipe.

Em situações de perigo, ele é muito importante para despertar atenção, precaução e prudência para a tomada de uma decisão. Mas o grande problema é quando ele passa a ser administrado constantemente em ambientes de trabalho, nos quais há pessoas que, de forma premeditada ou mesmo sem perceber, elevam o nível de estresse.

Sabe aquela pessoa que chega ao escritório com um "palpite" de que ouviu dizer que a empresa está precisando cortar gastos e que já há uma lista de pessoas a serem demitidas nos próximos dias? Essa atitude rapidamente instala um clima de tensão sobre todos naquele ambiente de trabalho. É aquela pessoa que manda a seguinte mensagem no grupo de colegas de trabalho: "Parece que o chefe vai cortar a cabeça de alguém". Para alguns, isso já é o suficiente para entrarem em pânico. O que ela está causando com isso é a liberação de cortisol na corrente sanguínea de todos a quem ela faz o alerta.

O líder tem o papel fundamental de controlar situações de incertezas e de estresse como essas. Primeiramente, deve absorver para si o problema e averiguar sua veracidade e as possibilidades de solução, em vez de deixar o pânico se espalhar entre as pessoas e contaminar sua equipe.

Outro exemplo similar ocorre quando você está dormindo e, de repente, ouve um barulho diferente na sua casa. Então, se levanta assustado e, instintivamente, acorda quem está ao seu lado para perguntar se ouviu o barulho (mas a pessoa não estava dormindo?) e, assim, alertar sobre o possível perigo. Na grande maioria das vezes, foi só o vizinho que arrastou um móvel, o vento que fechou uma porta ou um estalo comum causado pela dilatação de um encanamento ou pela mudança de temperatura. Mas esse engano eleva seus batimentos, coloca você em estado de alerta e torna difícil pegar no sono novamente, exatamente pelo fato de que seu cérebro começa a agir instintivamente, pensando em diferentes possibilidades de perigo e elevando o estado de pânico, que não deveria existir, nem para você e muito menos para quem estava ao seu lado tranquilo, num sono profundo.

O líder é aquele que acorda no meio da noite, mantém-se calmo, vai verificar o que está acontecendo, sem acordar ninguém, sem elevar o nível de alerta, e tenta resolver a situação, para que os outros ao seu redor não sejam prejudicados. Em meio às dúvidas e a outras inseguranças, ele busca a certeza e compartilha sua confiança.

Faça o **certo** e não deixe **dúvidas**.

Esse tipo de situação pode ser gerenciado através da prática de mais atividades físicas, organização de procedimentos bem definidos, reconhecimento, gratidão e outros exercícios que trazem maior segurança, tranquilidade, confiança e prazer na sua maneira de agir e reagir. Ou seja, através da elevação dos hormônios já vistos anteriormente.

HORMÔNIOS DA FELICIDADE

Hormônio	Efeitos	O que o líder deve fazer
(+) Endorfina	Bem-estar, conforto, alegria	Estimular atividades físicas adequadas a cada perfil
(+) Dopamina	Prazer, recompensa	Escrever e sequenciar tarefas / KANBAN
(+) Serotonina	Gratidão, confiança, ânimo	Promover tarefas em equipe e dividir conquistas
(+) Ocitocina	Amor, pertencimento	Compartilhar, doar, praticar a empatia
(-) Cortisol	Estresse, medo, destruição	Manter a calma, refletir antes de agir

Por fim, vale reforçar, pois muitos não acreditam nos efeitos positivos que vêm disso: sentir-se grato é uma das atividades que mais ajudam na administração do estresse.

Em vários filmes de guerra ou de treinamento militar é possível ver quando um comandante se posta à frente da sua tropa e lhe agradece por alguma missão cumprida. Esse exercício faz com que os militares fiquem ainda mais estimulados a continuarem atuando com excelência e esforço máximo para agradar seu comandante, seus companheiros e, principalmente, as pessoas as quais ele se comprometeu a proteger e defender.

Experimente. No final do mês, faça um agradecimento para as pessoas de seu time por tudo que fizeram. Você se lembra dos *post-its* que guardamos para o fim do mês? Pegue-os e agradeça pelos feitos. Então observe como essa prática irá mexer positivamente com seus funcionários, seu time ou sua tropa, levando-os a querer atingir objetivos ainda maiores e mais difíceis. Certamente, essa lembrança irá liberar mais "hormônios da felicidade", aqueles que só um bom líder consegue dosar na medida certa para seu grupo, a fim de obter um desempenho acima do esperado, além de um ambiente bem mais feliz.

Conteúdo complementar

Coração de Bombeiro (2019) – documentário sobre o Curso de Salvamento em Soterramentos, Enchentes e Inundações (direção: Julio Fernandes).

Atividade física – Endorfina – Drauzio Varela

Power of Recognition – David Novak / O Great One

Confiança, Moralidade e Ocitocina (2011) – Paul Zak (TED)

CONVIDADOS

CLAUDE TROISGROS
Líder e chef

O chef é um líder? Qual é a melhor forma de conduzir uma equipe? Você acredita que essa forma também possa servir para líderes de outras áreas?
Sim. O chef é um grande líder que deve conhecer e entender as necessidades de sua equipe. Como todo líder, em qualquer profissão, o chef tem que saber comandar sua equipe e ser amado por ela, gerando respeito e conhecimento.

Muito se fala sobre a "paixão por cozinhar". Mais que uma necessidade, cozinhar passou a ser um prazer, uma terapia e até uma profissão para muita gente. Quais são os ingredientes para alguém se tornar um bom líder na cozinha?
O principal ingrediente é a sensibilidade. Conhecimento, habilidades, disponibilidade, personalidade, criatividade, disciplina... essas coisas não têm valor se não tiver sensibilidade. Saber temperar, conhecer o fogo e os produtos é importante. Mas além disso, é preciso respeitar quem planta e sentir amor ao próximo. Um bom cozinheiro deve ser sensível e generoso.

Normalmente, percebemos e valorizamos as conquistas de uma carreira de sucesso. Mas você já experimentou algum fracasso? Como um líder deve reagir a um imprevisto na sua trajetória?
Já tive muitos fracassos durante esses mais de quarenta anos de profissão. O fracasso é sempre um aprendizado. Sem ele, não existe o sucesso. Seja em um negócio, ao montar uma equipe, seja em uma cozinha, ao

preparar uma receita. Entender o fracasso nos permite não repeti-lo uma segunda vez. Isso faz toda a diferença para quem quer empreender.

Depois de uma carreira longa e de muito sucesso, ainda é possível se transformar, inovar e até mesmo empreender?
O empreendedorismo está no sangue, na necessidade de se recriar sempre e ter vida longa no mundo dos negócios. Eu comecei a empreender quando deixei a França quarenta anos atrás, saindo do conforto do restaurante da família e começando minha própria trajetória em outro continente. Continuo empreendendo, e nesse ano de 2020, inclusive, virou uma questão de sobrevivência. Por exemplo, os seis restaurantes que tenho no Rio de Janeiro tiveram de fechar no período da pandemia, e para manter os 250 funcionários e suas famílias, criamos uma marca para delivery: Do Batista. A ideia foi levar uma comida caseira, reconfortante, para a casa das pessoas nesse momento de fragilidade. No primeiro dia, vendemos o que estava previsto para uma semana. Em dois meses, triplicamos o número de cozinhas de entrega.

Você ainda se emociona ao cozinhar para alguém, para sua família ou quando resgata receitas de sua avó e de seu pai? Os sentimentos podem ser transferidos para um prato?
Eu me emociono muito com a vida em geral. E como cozinhar é minha vida, eu me emociono o tempo todo, cozinhando e comendo. O prato realizado com sucesso é 90% emocional, principalmente quando se trata de lembranças e receitas familiares.

Qual é a importância de transferir seus conhecimentos para inspirar novos chefs, principalmente aqueles que vão criar seus próprios negócios?
Estamos nessa vida para passar conhecimentos, de várias formas, de um para o outro. A gente inspira e depois expira. É a vida. É por isso que estamos aqui. Compartilhar faz parte da essência da nossa profissão. Eu aprendi com meus mentores e quero dar continuidade a esse ciclo.

PRONTO PARA DECIDIR

Em nosso Curso de Operações em Desastres, há uma frase célebre que é dita e repetida aos alunos:

"Vocês devem trabalhar confortavelmente no desconforto".

Durante os exercícios, os alunos são submetidos aos mais variados tipos de estresse físico e psicológico. Eles ficam, por exemplo, praticamente uma semana com as roupas molhadas, assistindo às aulas encharcados e em salas com ar-condicionado na menor temperatura possível. Sem mesas para fazerem anotações, eles as fazem em pequenos bancos de campanha, em pequenos blocos e com lápis minúsculos fornecidos pela coordenação. A intenção dos instrutores é que, o tempo todo, eles fiquem desconfortáveis, sentindo frio, sede e fome.

Sim, é duro. Mas é também necessário e tem uma explicação. Muitos alunos desistem e pedem para ir embora, tendo em vista que, a maioria entra no curso esperando uma ótima receptividade, afinal estão chegando ali para ajudar a salvar vidas. Mas não podemos esquecer que as situações reais que eles deverão enfrentar nas ruas ou na lama também não serão assim muito confortáveis.

Eu sempre gosto de conversar com os alunos depois que eles desistem do curso. Sendo assim, posso afirmar que quase todos fazem essa escolha por questões psicológicas, por falta de resiliência mental. Além do sono, da fome e do frio, a pressão insistente dos instrutores, dizendo que eles não aguentarão tudo aquilo e que não irão suportar determinadas situações, é o que mais leva à desistência.

Esse processo não foi sempre assim. Nos primeiros treinamentos, exigíamos muito do preparo físico dos alunos. Eram corridas exaustivas e séries de exercícios com pesos extremos. Então a maioria saía pelo cansaço físico. Mas, à medida que o curso ganhava fama entre os candidatos, eles já chegavam bem mais preparados para encarar aquelas atividades, pois treinavam o ano todo para um curso que era bastante exigente em termos físicos e técnicos.

Ocorre que, no nosso cotidiano, as ocorrências exigem muito dos militares nas questões físicas, mesmo que nada seja comparável ao nível de dificuldade no curso. Mas a maior exigência das missões reais, na prática, é a resiliência mental, algo que o curso não explorava até aquele momento. Por melhor que o aluno estivesse preparado fisicamente, a fome, o sono e o frio exigiam uma preparação mental fora do comum. Foi então que decidimos reformular os testes e levar os alunos aos extremos das suas condições psicológicas, certamente dentro dos limites de segurança e do que precisávamos para nossos objetivos.

Não é preciso muito para provocar a mente dos alunos ou de qualquer pessoa "normal", e fazê-los pensar que não aguentam algumas situações extremas.

Por exemplo, o instrutor informava a todos que o almoço seria às 12h30.

Próximo desse horário, a mente do aluno já está à espera da pausa para a refeição. O instrutor, então, continuava com as aulas sem dizer nada, e os alunos resistiam por cinco ou dez minutos, afinal, lá estava o instrutor, e ninguém queria corrigi-lo. Mas a fome apertava, pois já havia se passado uma hora do horário combinado. Então um dos alunos tomava coragem e perguntava, com todo o respeito, se não haveria almoço. Resolvido. A partir disso, os instrutores tornavam a vida daquele aluno ainda mais difícil durante o curso.

– Quer dizer que o senhor está mais preocupado com a comida do que com o aprendizado? – perguntava o instrutor ao aluno esfomeado. – Por causa do senhor, todo o grupo ficará sem almoço hoje.

Com isso, criava-se uma atmosfera terrível, na qual alguns alunos poderiam culpar o companheiro por terem ficado sem a refeição, enquanto outros iriam apoiá-lo, por entenderem que ele agiu em defesa dos demais.

Esse conflito, assim como a frustração pela falta de comida, despertada pelo avanço da hora, é uma das técnicas que utilizamos para que os atritos comecem, pois todos estavam preparados mentalmente para comer às 12h30 e tiveram essa expectativa frustrada por algo que não dependia deles.

Isso me fazia lembrar dos treinamentos que eu realizava diariamente no início da minha carreira nos Bombeiros, quando o sargento dizia que nossa tropa deveria dar três voltas no estádio do Mineirão. Porém, quando estávamos no final da terceira, ele simplesmente avisava que deveríamos dar mais algumas voltas. Nós estávamos preparados fisicamente para dar quatro, cinco, seis voltas ou mais, mas ele havia colocado em nossa mente que seriam apenas três. Então, diante do não cumprimento do "combinado", muitos militares começavam a pensar que uma volta a mais seria esforço demais e, assim, não conseguiriam chegar ao final.

A culpa não é do sargento. É o pensamento negativo que nos tira de combate.

A partir desses exemplos, comecei a perceber que os líderes em cada turma tinham algumas habilidades que outros não tinham. Elas eram bem parecidas e faziam com que assumissem a liderança em situações extremas, além de conseguirem manter o controle diante de situações incertas. Essas habilidades não eram nenhuma novidade no mundo das operações especiais, mas só foram observadas no nosso curso. Com elas, os alunos que ficavam de "recuperação" ou que não conseguiam completar determinada missão aprendiam a superar seus medos e a conquistar objetivos antes não imaginados.

A intenção do curso não é eliminar os alunos, mesmo porque o verdadeiro líder não elimina as pessoas de seu time. Fazê-los desistir é algo muito fácil. Difícil mesmo é fazer com que eles se superem e cumpram suas tarefas que antes julgavam impossíveis de serem cumpridas. Esse é o papel de um líder.

> Ajude pessoas a chegarem aonde não conseguiriam **chegar sozinhas**.

Vejo o papel de um bom líder na relação entre um pai e seu filho. Se o filho se comporta mal, o pai não manda uma mensagem instantânea para ele dizendo:

– Meu filho, o seu comportamento não está legal. Por isso, eu e a sua mamãe decidimos que você irá para a casa de seus tios. E, caso você não consiga se adaptar às regras da nossa família, será deserdado.

Da mesma forma, o líder de uma empresa não deve simplesmente dizer:

– Caro funcionário, seu desempenho não está razoável. Diante disso, a diretoria decidiu que você será deslocado para outro setor. E, caso você não consiga atingir as metas estabelecidas, será demitido.

Esse não é o papel de um líder, nem de um pai ou uma mãe responsável. Estes iriam até seu filho, sentariam ao lado dele, pediriam para ouvi-lo, tentariam descobrir quais são suas dificuldades e, então, diriam o que poderiam mudar para se entenderem melhor. Um líder precisa incentivar, direcionar e orientar, para que seja possível alcançar um objetivo. E mais uma diferença importante: na empresa, o líder normalmente pode escolher quem serão seus filhos. Ou seja, como já vimos, é muito importante saber escolher sua equipe.

Portanto, quando nos deparamos com uma mudança nos planos ou uma situação que sai do controle, é preciso estar preparado para agir, principalmente quando se deve enfrentar uma grande crise ou se está diante de um dos maiores desastres ambientais do mundo.

Para isso existem ferramentas que qualquer pessoa pode utilizar. Elas nos ajudam a ter um maior domínio de situações difíceis, a fim de seguir para um processo de tomada de decisões. Eu sempre as carrego na minha "mochila" e as chamo de **FERRAMENTAS DE DECISÃO**.

FERRAMENTAS DE DECISÃO

Ferramenta:	O que ela faz:
SEGMENTAÇÃO	Divisão de tarefa em micrometas
VISUALIZAÇÃO	Antecipação da ação e das variáveis
CONTROLE	Foco na solução do problema
REFLEXÃO	Promoção de diálogo interno para a (re)ação

▸ **Segmentação**

É a ferramenta que ajuda no estabelecimento de metas, por meio da divisão do objetivo maior em etapas, ou da criação de micrometas.

Se forem vistas como um todo, as operações dos Bombeiros são bastante complexas. Para exemplificar, vou contar mais uma história da operação de ações de resgate e ajuda humanitária em Moçambique.

> Em 2019, após a passagem do forte ciclone em Moçambique, os Bombeiros de Minas Gerais foram acionados pelas organizações internacionais para prestarem ajuda no socorro às vítimas e, de alguma forma, contribuírem para a desobstrução de vias, distribuição de mantimentos e outras tarefas.
>
> Esse apoio fora solicitado devido às semelhanças entre os impactos deixados por um ciclone naquela região e o que enfrentamos nos rompimentos de barragens, como em Mariana e Brumadinho. Além do domínio de técnicas e das demonstrações de nossa atuação em situações de extrema calamidade, também foi levada em consideração a especialização em gestão de desastres e a fluência da língua portuguesa para a comunicação local. Apesar de todas as perdas sofridas pela população local, eu agradeço por ter estado junto com minha tropa nessa operação.
>
> Assim que fomos acionados, reunimos uma equipe de vinte militares de nossa corporação, entre aqueles que, por restrição médica, já não podiam mais entrar em contato com a lama tóxica da operação que seguia incansável em Brumadinho e já entrava no terceiro mês consecutivo.
>
> Então, organizamos os equipamentos, alimentos, medicamentos e outros recursos que seriam utilizados pelas equipes ou doados à população africana.
>
> A partir disso, faltava conseguir o transporte. Era preciso uma grande aeronave para cruzar o Oceano Atlântico e levar

> a tropa e todos esses suprimentos. Então, a Força Aérea Brasileira (FAB) cedeu sua aeronave Hércules, e, dessa forma, pude realizar mais um sonho. Para quem não conhece o Hércules, não se deve imaginar muito ou qualquer conforto, ainda mais para uma viagem que demorou mais de quarenta horas. Mas era um sonho que eu tinha.
>
> Ao chegar ao nosso destino, conseguimos ter a noção exata da dimensão da destruição causada e do trabalho que teríamos naquela operação. Tivemos de enfrentar muito mais dificuldades, tendo inclusive que permanecer o dobro do tempo previsto em Moçambique, pois um ciclone ainda maior atingiu o país enquanto estávamos lá, multiplicando o número de vítimas, desabrigados, destruição e de nossos esforços.
>
> Mesmo assim, nossa missão foi cumprida.

Portanto, se, ao receber o chamado, tivéssemos avaliado apenas o tamanho e a dificuldade dessa grande missão, possivelmente não teríamos atravessado o oceano e retornado com mais um objetivo alcançado. O que quero destacar aqui é o processo.

Ao olharmos o todo, aquela era uma tarefa gigantesca. Ter de arranjar todo o aparato logístico e o pessoal para ficar em um país devastado por um ciclone, sem saber exatamente quais seriam as missões que deveríamos executar. Embarcar todo o suprimento necessário para um trabalho de no mínimo vinte dias, em um local em que somente 4% da população tinha água potável. Realizar salvamentos, prestar ajuda humanitária e outras ações de reconstrução. Planejar e executar uma tarefa dessas é de uma complexidade extrema, assim como retirar uma pessoa que está presa às ferragens em um acidente automobilístico também é bastante complicado. Para isso, o estabelecimento de objetivos, metas ou segmentações de uma tarefa é fundamental para que possamos cumprir a missão com menos dificuldades.

No exemplo de um acidente com uma vítima presa às ferragens, a linha de pensamento, resumidamente, é a seguinte:

1. Chegar ao local da ocorrência e verificar a segurança da via;
2. Sinalizar a via e o local do acidente;
3. Estabilizar o veículo (verificar se há derramamento de combustível, cortar a energia da bateria, etc.);
4. Estabilizar a vítima (conferir seus sinais vitais, consciência, respiração, etc.);
5. Iniciar os procedimentos de abertura ou corte do veículo;
6. Retirar a vítima, de maneira estável, sem provocar lesões;
7. Deixar a via em segurança;
8. Transportar a vítima para atendimento médico.

Vale salientar que essas etapas estão sintetizadas e que há ainda muitas ações que são realizadas durante todo esse processo. Mas o importante é que já existe um procedimento padrão e segmentado de tarefas a serem cumpridas.

Independentemente de qual seja a missão, aqueles que conseguem segmentar as suas ações obtêm um sucesso maior. Como diz um provérbio africano, é como comer um elefante: tem que ser por partes.

A segmentação não vale só para o cumprimento da missão. Serve também para o planejamento das ações. Vimos que as tarefas cumpridas liberam dopamina no nosso organismo. Então, se, ao elaborarmos planejamentos, fizermos de maneira com que nosso time atinja mais objetivos, cumprindo suas missões, mesmo que sejam menores e em maior quantidade, o nível de satisfação interna desse grupo também será maior. É o que chamamos de micrometas. Elas podem ser simples e até pouco usuais, como fazer um café, por exemplo. Mas se é uma meta que foi estabelecida para aquele time, é uma meta que deve ser cumprida. E pode ter certeza que a pessoa que a concluir ficará mais disposta e terá uma sensação de dever cumprido, que a incentivará a realizar as demais tarefas.

Vemos isso em outras situações simples, como jogos de vídeo game que têm progressão em fases. O desenvolvedor do jogo poderia criá-lo apenas com uma fase gigante, dando um "prêmio" somente para aqueles que chegassem ao final. Mas a maioria prefere que o jogador vá cumprindo objetivos e avançando pelas fases aos poucos, até chegar ao grande final, sendo que muitos jogos nem têm mais um final. Assim, ao completar cada missão, o jogador se sentirá mais motivado e satisfeito por ter concluído o que começou.

Outro exemplo simples é quando devemos realizar reparos em casa. É preciso aparar a grama do jardim, consertar o chuveiro com defeito e trocar uma lâmpada queimada, mas ficamos adiando a grande "missão de arrumar a casa". Então, um dia resolvemos iniciar pela lâmpada, essa é a meta. Ao trocá-la, sentimos um prazer de "missão cumprida" e nos sentimos capazes de enfrentar os outros "grandes desafios".

Também gosto de lembrar do alpinista que quer chegar ao alto de uma montanha. Ele tem etapas a serem realizadas, e cada uma das bases que ele atinge é um objetivo cumprido. Ou então, um piloto de automobilismo que busca superar seus adversários e seu próprio tempo a cada volta e, assim, ganhar aquela corrida. Ou um time de futebol que disputa um longo campeonato, mas que, ao término de cada partida, precisa se concentrar apenas no próximo adversário para conseguir subir na tabela.

> Atingir objetivos
> é um **vício**.

Portanto, o líder deve definir os objetivos para seu time, preferencialmente através de micrometas.

Um dos caminhos para melhorar o fluxo é utilizar uma técnica já citada, o método **KANBAN**, por meio de *post-its* com tarefas coladas em três quadros que estimulam o avanço das atividades à medida que vão sendo cumpridas.

Para facilitar o desenvolvimento de micrometas, pode-se utilizar a técnica de **SMART GOALS**. Em tradução livre, a definição seria "objetivos inteligentes". Mas SMART é uma palavra mnemônica, formada pelas iniciais de *Specific, Measurable, Achievable, Realistic* e *Time based*.

■ Specific / Específico

O objetivo deve indicar claramente o que precisa ser alcançado, por quem, onde e quando. Às vezes, pode até indicar por que esse objetivo é importante. Nem todas essas perguntas se aplicam a todos os objetivos, mas é válido fazê-las para determinar quão específico é seu objetivo e torná-lo o mais claro possível. A especificidade ajuda até mesmo no planejamento para atingir o objetivo. Quando não há especificidade, existe uma dificuldade muito grande em estabelecer as etapas a serem cumpridas. Quanto mais bem especificada a missão, melhor o time escolherá, entre tudo que aprendeu nos treinamentos, o que utilizar para ser bem-sucedido na missão.

■ Measurable / Mensurável

A quantificação serve como estímulo e ainda facilita a concretização dos objetivos.

Imagine dizer para uma pessoa da sua empresa que, se ela vender mais, ganhará um bônus, mas sem estabelecer o quanto ela deve vender a mais, nem de quanto é o bônus. Por isso metas devem ser mensuráveis. Por exemplo, se o objetivo for vender 100 mil reais em um mês, pode-se colocar cotas semanais de 25 mil reais. Lembre-se de que micrometas estimulam muito mais que metas muito grandes. O importante é que se possa mensurar os objetivos a serem atingidos. Caso contrário, é como sair correndo pela rua sem propósito, sem tempo, sem destino. Normalmente, uma pessoa corre por "x" minutos, "y" quilômetros ou para chegar a um determinado local. Mas mesmo se alguém sair correndo sem um desses objetivos, ao menos pensa que tem que voltar ao seu ponto de partida, que não deixa de ser uma forma de mensurar sua meta.

■ Achievable / Atingível

Quando o líder estabelece metas, ele tem que saber se elas são ou não possíveis de serem cumpridas, lembrando que não completar a missão irá gerar desestímulo para toda a equipe.

Não adianta estabelecer para um corredor iniciante que ele deve concluir a maratona com o mesmo tempo do recorde mundial, pois isso dificilmente poderá ser alcançado para quem está começando a competir. Muitas vezes pode ser difícil estipular a meta. Nos cursos que ministro, eu uso a técnica do "Do It Yourself" ou "Faça você mesmo". Antes de dar o tempo de uma determinada prova ou missão, eu mesmo a realizo, sabendo das minhas condições, como meu condicionamento físico, e do estresse a que estou sendo submetido. A partir disso, consigo avaliar e estabelecer uma meta para os outros, pois tenho um parâmetro e sei, principalmente, que aquela meta é alcançável.

■ Relevant / Relevante

Ter metas relevantes, que realmente farão com que a equipe veja o ganho que advém delas, é essencial para o bom cumprimento de um objetivo.

Eu já tive chefes que me deram missões que eu simplesmente não entendia para que serviam, ou o ganho que teríamos a curto, médio ou longo prazo. Não faz sentido em um jogo de futebol o técnico estimular seus jogadores a chutarem a bola para a lateral, a não ser que faça parte de uma estratégia cujo objetivo esteja claro para todos. Muitas vezes, queremos que um time cumpra algo, mas não paramos para pensar no ganho que será obtido. Simplesmente pedimos para que seja feito. Mas é importante compartilhar o que se espera deles ao gastarem tempo e esforço para completar a missão com sucesso.

■ Time Based / Temporal

As metas devem ter um prazo determinado para serem cumpridas. Caso não haja essa delimitação, as missões podem perder sua importância com o passar do tempo. Uma tarefa que pode ser realizada em qualquer tempo parece não ter tanta importância.

Voltemos rapidamente ao exemplo da corrida. Se você quer se tornar um corredor, é preciso estipular um tempo para

> percorrer aquela determinada distância, principalmente se o objetivo final é se tornar um maratonista.

Portanto, estabelecer metas a serem cumpridas é uma importante habilidade de um bom líder, lembrando que as micrometas podem estimular a equipe a cumprir vários outros objetivos em uma missão maior. Daí a importância da **segmentação**.

▶ **Visualização**

É a ferramenta que prepara a mente para aquilo que ela deve enfrentar, e até mesmo para situações que podem variar no decorrer de sua execução.

> Durante o Curso de Operações em Desastres que desenvolvemos no Corpo de Bombeiros Militares de Minas Gerais, os alunos têm uma prova bastante complexa, que envolve montar um sistema com várias cordas, mosquetões e polias em apenas um minuto. Esse sistema, chamado de tirolesa Kootenay Petzl, ou tirolesa Capuá, reúne uma série de técnicas para ambientes verticais, e sua montagem deve considerar desde a escolha correta dos materiais até as etapas do processo.
>
> Nesse caso, o grande problema é não poder estudar, planejar e praticar antes da prova, uma vez que o tempo que eles têm de "descanso" para treinar é praticamente zero, considerando que na primeira semana do curso eles dormem cerca de duas horas por dia. Além disso, mesmo se encontrarem tempo, o material é escasso e não permite que todos treinem.
>
> Para cumprir a prova, cada aluno tem somente duas chances de montar o sistema dentro de sessenta segundos. Se não conseguir, é eliminado.

Na primeira tentativa, 90% dos alunos não conseguem. A maioria entra em desespero, pelo fato de já terem passado por algumas semanas de treinamento e sofrimento, mas agora percebem a possibilidade de serem eliminados em uma prova que entendem ser impossível de ser realizada.

Então, os reprovados são encaminhados para uma espécie de "recuperação".

Nessa etapa, ensinamos a técnica de visualização, que não é aplicada diretamente sobre aquela prova que ameaça tirá-los do curso, mas damos uma visão geral, que pode e deve ser empregada por eles em diferentes situações. Basicamente, esse método consiste em visualizar nos mínimos detalhes tudo o que se deve fazer, passo a passo, repetidamente.

Após aprenderem a técnica, os alunos percebem que ela pode ajudá-los e começam a treinar, até mesmo com olhos fechados e materiais imaginários, reproduzindo os movimentos que as mãos deverão fazer durante cada prova, entendendo onde estará posicionado cada elemento e quais nós serão confeccionados. Alguns alunos contam mentalmente o tempo passando e, ao final da prova, percebem que o tempo marcado no cronômetro era exatamente o mesmo.

A técnica de visualização é muito importante e útil nos diferentes procedimentos que os bombeiros militares devem executar em cada uma de suas operações, a fim de minimizar erros, considerando que essas missões envolvem alto risco, elevado grau de incerteza e, acima de tudo, não admitem falhas, uma vez que elas não vão gerar apenas a eliminação do curso: podem custar uma vida.

Também vale destacar uma situação hoje mundialmente conhecida na qual a técnica de visualização foi utilizada: a busca por Osama bin Laden.

Eu sempre fui um estudioso de situações de desastre, mas os relatos mais próximos que temos do gerenciamento desse tipo de circunstância são aqueles relacionados às guerras. E os livros de guerra que envolvem desastres são menos numerosos do que aqueles sobre missões e batalhas. Assim, comecei a me tornar um aficionado por obras desse tipo. As experiências relatadas nesses livros sempre me ajudaram a enxergar soluções para os problemas de desastres, apesar de a guerra ter uma lógica inversa: quanto mais eficiente for uma tropa, maior o nível de destruição que ela será capaz de causar.

Um dos casos mais clássicos é o do livro *Não há dia fácil* (2012), de Mark Owen e Kevin Maurer, que conta como um grupo das Forças de Operações Militares da Marinha Americana, os SEALs, matou Osama bin Laden, "líder" e fundador da organização islâmica Al-Qaeda, à qual foram atribuídos diversos atentados terroristas, entre eles os ataques de 11 de setembro de 2001, ao World Trade Center, em Nova York, e ao Pentágono – Departamento de Defesa dos Estados Unidos –, que vitimaram ao todo quase três mil pessoas.

Quero destacar uma passagem interessante em que o autor reproduz o treinamento dos militares para cumprir a missão de deter Bin Laden, após terem descoberto a casa em que ele possivelmente estaria localizado, no Paquistão.

Na descrição desse treinamento estava a técnica de visualização. Os militares reproduziram em tamanho real a estrutura da casa em que estava o terrorista, para que os militares pudessem realizar repetidas vezes as técnicas de chegada, abordagem e retirada. Isso foi feito durante algumas semanas. O treinamento era exaustivo, até que chegou um momento em que os militares executaram todo o plano de olhos vendados. Os relatos mostram que, antes de dormir, eles imaginavam cada passo que deveriam dar, como iriam embarcar nas aeronaves que os levariam até o local, como desembarcariam para acessar a casa, quais portas deveriam abrir, se abriam para dentro ou para fora, onde poderia haver pessoas, inclusive crianças, e tentavam imaginar os sons que poderiam existir nessa missão, como o de uma arma sendo carregada. A cada treino, tudo ficava registrado na mente daqueles militares, que realizaram a operação com sucesso, na madrugada de 2 de maio de 2011.

> Aquele que enxerga de **olhos fechados** vê aquilo que precisa ser visto.

Atletas de alta performance, como nadadores, tenistas e corredores, visualizam o que precisam fazer durante cada competição, para que seu desempenho seja extremamente eficiente. Um dos casos clássicos de visualização é do brasileiro tricampeão mundial de Fórmula 1, Ayrton Senna.

Antes de cada prova, Senna se sentava no *cockpit* de seu carro, fechava os olhos e visualizava todo o circuito e cada uma das curvas daquela pista, estudando quando teria de acelerar, qual seria o movimento de suas mãos, quando e quanto deveria frear. Não era raro as imagens da TV o mostrarem, antes das provas, dentro do seu carro, extremamente concentrado, com as mãos no volante, certamente antevendo cada detalhe para aumentar seu desempenho naquele dia.

Da mesma forma, os verdadeiros líderes devem estimular a visualização das tarefas e das missões a serem cumpridas por sua equipe, independentemente de seu segmento de atuação. Um vendedor pode treinar como fazer a abordagem dos seus clientes e como reagir em cada situação, inclusive uma negativa. Um comissário de bordo pode desenvolver suas habilidades para um melhor atendimento aos passageiros na aeronave e para a aplicação dos procedimentos de segurança, em caso de acidentes. Um advogado pode se imaginar dentro de um tribunal, perante um juiz, para apresentar seus argumentos com maior segurança. Não é à toa que muitos profissionais recorrem até mesmo às técnicas de teatro, para vivenciarem situações e estimularem suas sensações, expressões e reações.

Ainda sobre o uso de habilidades artísticas na técnica de visualização, lembremos dos muitos artistas de circo – trapezistas, equilibristas ou até atiradores de facas – que, de olhos fechados, fazem a plateia delirar com suas habilidades em ignorar toda a "pressão" externa e realizarem aquilo que reproduziram e visualizaram centenas ou milhares de vezes.

Os chefs de cozinha também são bons exemplos, pois, após aprenderem ou criarem suas receitas, devem reproduzi-las muitas vezes ao longo da vida, sendo que, a partir de certo número de repetições, já não precisam recorrer ao livro de receitas para apresentarem aquele mesmo prato com perfeição.

Falando em cozinha, vale destacar que a técnica da visualização pode reproduzir estímulos físicos no corpo. Muitas vezes, chegamos a salivar quando nos lembramos de um prato saboroso que estamos acostumados a comer. Ou fazer cara feia quando imaginamos aquele suco de limão que tomamos sem ter adoçado antes. Por isso, quando a técnica de visualização é bem realizada, o cérebro perde a capacidade de distinguir entre o imaginário e o real.

Da mesma forma, ao se lembrar de acidentes graves em que se envolveram no passado, muitas pessoas "sentem" a dor que experimentaram no dia do ocorrido. Lembro-me de ver crianças que, ao recordarem ou assistirem à imagem de alguém tomando uma vacina, colocaram imediatamente a mão sobre o braço.

Ou seja, se a dor pode ser reproduzida através da visualização, a felicidade e outros bons sentimentos, como o da conquista de objetivos, também podem ser estimulados para aumentar a performance dos indivíduos e, consequentemente, de toda a equipe.

Quem nunca, ao ler um livro que descreve um café sendo coado na hora, pôde sentir o seu cheiro?

▶ Controle

É a ferramenta que lhe dá capacidade de se manter focado em busca de uma solução para o problema, independentemente de todos os fatores, principalmente aqueles que não estão sob seu controle.

> No nosso Curso de Operações em Desastres, um dos momentos de maior tensão é o salto do helicóptero pairado sobre uma represa. É um exercício obrigatório, e não saltar significa estar eliminado do curso.
>
> Antes da execução desse salto, temos de ensinar aos alunos como ele deve ser feito, e, para isso, utilizamos um trampolim em uma piscina. Cair errado na água pode levar o militar a sofrer múltiplas fraturas pelo corpo. Por isso, a entrada deve se dar em pé, com as pernas cruzadas, braços cruzados no peito, deslocando a menor quantidade de água ao entrar em contato com ela.
>
> Esse é um dos exercícios que leva os alunos a uma elevação dos batimentos cardíacos, a agir de maneira impensada, a ficar andando de um lado para o outro sem saber o que fazer, sem controle. Algumas vezes, antes de realizar o salto, os alunos batem o sino e desistem do curso.
>
> Há outros exercícios que também fazem com que os alunos tenham esse tipo de reação, como entrar em valas estreitas e escuras, atravessar manilhas extremamente apertadas, fazer atividades submersas, em que o ar é escasso ou em que os instrutores colocam empecilhos para os alunos respirarem debaixo d'água com os aparelhos de mergulho.
>
> Na prova de salto, a situação é complexa. Já dentro da aeronave, é comum ver os alunos extremamente concentrados de olhos fechados, fazendo os exercícios de respiração para conseguirem executar o salto da maneira correta. É preciso manter o controle

> da ansiedade e abstrair do barulho das hélices e do motor do helicóptero, que dificultam o entendimento das orientações do instrutor para o salto, além da possibilidade de se machucar ao tocar a água. E o que parece pior para a maioria dos alunos: a possibilidade de ser desligado e não se formar no curso.
>
> E eles desistem. Perdem o autocontrole e o diploma.

Essa elevação de ansiedade está ligada aos chamados "supermedos" das operações especiais. Eles estão presentes em praticamente todos os seres humanos: é o medo da falta de ar debaixo d'água ou de ser jogado de uma grande altura sem ter algo que impeça ou amortize a queda.

Basta nos lembrarmos dos filmes em que há uma pessoa submersa na água tentando resolver determinada situação, e nós automaticamente prendemos a respiração junto com ela. Nossos batimentos se aceleram e sentimos sua agonia, além de realmente ter uma sensação de quase afogamento, mesmo que acomodados no sofá de casa. Essa é a sensação que temos ao sonhar que caímos de grandes alturas e acordar assustados com o coração disparado. Também sentimos isso quando vemos um vídeo de um bebê na janela de um prédio muito alto prestes a cair. Essa ansiedade é extremamente difícil de ser controlada.

E as situações de desastres ou de crises extremas são assim, mas existem técnicas que nos levam a ter autocontrole, para que não tomemos decisões erradas diante de uma situação de estresse.

Eu chamo isso de "Efeito Fatso".

Fatso é o urso do desenho do Pica-Pau que corre de um lado para o outro quando algo de errado acontece. Confira o QR Code no fim deste capítulo e você certamente se lembrará dessa cena.

Muitos já tivemos chefes ou conhecemos pessoas que ficam perdidas quando algo de anormal ou um imprevisto acontece na rotina da empresa ou num claro dia de sol.

Para evitar o Efeito Fatso – assim como todas as consequências que ele pode gerar, como a tomada de uma decisão precipitada e equivocada, além de gerar desconfianças e inseguranças no restante da equipe –, eu aplico uma técnica que chamo de:

PARE REZE

Claro que não estou sugerindo que devemos parar e orar por uma solução divina, apesar de eu acreditar que isso também possa ajudar muitas pessoas em algumas situações. Trata-se de uma expressão que todos podem guardar na memória, afinal pode ser utilizada em situações do cotidiano, como um acidente de trânsito, por exemplo.

Quando alguma situação fora do nosso controle acontece, a tendência é agirmos impulsivamente, pois são ativados nossos estímulos de "Lute ou Fuja", provocando uma reação instantânea, instintiva e não racional. Então, para evitar isso, usamos a técnica **PARE REZE**.

PAuse   respi**RE**   **RE**flita   reali**ZE**

■ **PA**use

É realmente parar por alguns instantes, de preferência sentar-se. Diante de uma situação na qual ficamos nervosos, nossa tendência é andar de um lado para o outro sem saber o que fazer – Efeito Fatso. Isso ocorre porque nosso batimento cardíaco se acelera, o sangue circula mais rápido, e acabamos por ficar nos movimentando. Ao parar e sentar, diminuímos o ritmo e desaceleramos o batimento cardíaco. Aquela frase que muitas mães usam, "senta para ficar mais calmo", realmente funciona para situações mais complexas. Note que é diferente de nos paralisarmos, ficarmos sem reação. É uma pausa consciente. Diante de qualquer imprevisto ou de algo que fuja do seu controle, decida parar imediatamente por alguns instantes antes de agir.

■ respiRE

Quando estamos em uma situação de risco e ansiosos, nossa mente age por instinto, e não racionalmente. Quando respiramos profundamente e com calma, nós oxigenamos os lóbulos frontais do cérebro, que é onde toda a informação de treinamento fica armazenada. Dessa maneira, em vez de tomarmos uma decisão totalmente baseada nas emoções daquele momento, tomaremos uma decisão racional e mais equilibrada, com base nas nossas bagagens de conhecimentos, vivências, treinamentos e experiências anteriores.

Para a respiração, utilizamos a técnica de 4-4-4. Inale o ar durante 4 segundos. Exale o ar durante 4 segundos. Faça isso durante 4 minutos. Em situações extremas, em que a decisão deve ser mais rápida, repita as duas primeiras etapas 4 vezes. Nos casos que enfrentamos no Corpo de Bombeiros, nos quais outras pessoas podem estar em perigo, isso representará alguns poucos segundos que podem salvar vidas. Esse exercício ajuda os batimentos cardíacos voltarem ao normal, além de fazer o foco voltar para a respiração, e não para o problema. Direciona seus pensamentos para a entrada e saída de ar nos pulmões, e não mais para a situação que o colocou em nível elevado de ansiedade.

A melhor maneira de controlar seu corpo é através de sua mente. E a melhor maneira de controlar sua mente é a respiração.

■ REflita

Depois de parar por um instante e respirar, é o momento de refletir com base nas experiências e nos conhecimentos que cada um carrega dentro de si, para assim chegar à melhor decisão. Assim, conseguimos enxergar melhor as alternativas e suas consequências. Muitas vezes, por impulso, as pessoas brigam na rua, por exemplo, após levar uma fechada no trânsito. Então partem para uma discussão acalorada, que quase sempre não termina bem e que apenas mais tarde poderá ser entendida como desnecessária ou o pior possível a se fazer naquela situação. O mundo atual parece nos exigir que sejamos cada vez mais imediatistas e respondamos rápido a tudo. Às vezes recebemos e-mails desaforados e retrucamos instantaneamente, no mesmo tom. E só após enviar, percebemos a besteira que fizemos ou, no mínimo, a chance que perdemos de ajudar o outro a perceber o erro que está cometendo. Essa prática da instantaneidade é tão comum nos aplicativos de mensagem, dos smartphones sempre à mão, que essas ferramentas já oferecem a possibilidade de o usuário apagar uma mensagem enviada. Normalmente, no impulso, podemos tomar decisões instintivas, não racionais, sem considerar todas as opções e seus desdobramentos. E essa reflexão deve ser feita com a desaceleração dos batimentos cardíacos, após a pausa e a respiração profunda.

▪ realiZE

Pause, respire, reflita e, então, realize. Também de nada vai adiantar se acalmar e não tomar uma atitude. A não ser que a melhor conduta seja não fazer nada naquele momento. Após ter seguido os passos iniciais, será possível escolher a melhor solução para aquele problema inesperado que, em um primeiro momento, poderia acabar sendo resolvido de maneira instintiva e emocional. Mas, após se acalmar e organizar melhor seus sentimentos e conhecimentos, foi possível analisar todas as possibilidades e tomar a melhor decisão, baseando-se em todas as situações já vivenciadas, nos treinamentos realizados e em uma avaliação, mesmo que bem rápida, das possíveis consequências dessa decisão.

A técnica do controle de ansiedade é extremamente simples, e, apesar de parecer até mesmo óbvia , muitos não a praticam, preferindo se entregar ao imediatismo dos tempos atuais. Mas trata-se de um método extremamente eficiente, pois serve para várias situações de tomada de decisão, principalmente aquelas inesperadas, que interrompem a rotina, acabam com a calmaria de um momento ou que são a gota d'água de um copo que já estava cheio de outros problemas acumulados.

Mas quando tudo parece estar "fora de controle"...

Bons líderes devem desenvolver a capacidade e o discernimento de compreender que existem situações que eles podem controlar, mas que há outras que fogem completamente de seu controle. É o que chamamos nas atividades do Corpo de Bombeiros de "incêndio perdido".

Quando uma equipe dos Bombeiros chega a um prédio ou a uma casa que está em chamas e percebe que, em alguns locais daquela estrutura, o fogo já tomou conta e consumiu todo o material, desde que não tenha vítimas ali, não adianta mais jogar água naquele ponto, pois ali temos um "incêndio perdido". Mesmo assim, vemos muitos novatos insistindo em querer apagar o que o fogo já destruiu. É uma demonstração clara da intenção de ajudar, mas, na verdade, estão desperdiçando esforço físico, recursos e tempo que poderia estar direcionado para amenizar a complicação daquele problema. Nessas situações é mais importante isolar o incêndio, para que ele não se propague nos locais ainda intactos. Note que mais uma vez estamos falando sobre bombeiros, mas é certamente possível transferir essa situação para alguma rotina ou acontecimento de qualquer empresa.

Saber desde já que, apesar de todas as previdências e precauções, existem situações fora do controle pode fazer com que o foco seja direcionado para aquilo que se pode controlar, evitando-se perder tempo e energia com aquilo que não se conseguirá mudar.

Outro exemplo. Quando o pneu do seu carro fura, não adianta ficar nervoso, nem mesmo brigar com o motorista do veículo de trás que buzinou porque você diminuiu a velocidade. A única coisa a se fazer nesse momento é:

- Parar o carro em local seguro;
- Sinalizar a via;
- Pegar as ferramentas e o pneu reserva;
- Trocar o pneu.

Ou chamar alguém para ajudá-lo. O que não adianta é ficar reclamando.

Cara feia **não troca** pneu furado.

A partir do momento em que colocamos o foco na solução, e não mais no problema, conseguimos ter mais consciência e consistência para tomar as decisões mais acertadas.

Vamos imaginar outra situação.

Num dia ensolarado, a família está reunida à mesa para tomar um belo café da manhã. Como dizem, aquela típica cena de comercial de margarina. Até que o filho esbarra na xícara e derrama o café na camisa social do pai.

Ele fica nervoso, solta um palavrão na frente do garoto e grita para ele deixar de ser desajeitado e tomar mais cuidado. A mãe, vendo aquela reação ríspida, briga com o marido e diz que ele não pode falar assim com o menino. O pai, já atrasado para uma reunião, levanta nervoso da mesa e vai procurar uma camisa limpa, mas não encontra, porque é a esposa que sabe onde estão as camisas lavadas e passadas.

Como está irritada e cuidando do choro do filho, ela responde que não sabe e manda ele se virar. O marido revira o armário à procura de outra camisa e, com muito custo, encontra uma, mas percebe que já está muito atrasado. Com toda a confusão, o filho perdeu o horário da van que o levaria para a escola, e agora o pai terá de levá-lo, antes que a mãe se enfureça ainda mais. O pai sai correndo com o carro e avança um sinal. Bem naquele dia, um guarda de trânsito vê a cena, manda ele parar o veículo e lhe aplica uma multa, além de um sermão por colocar em risco seu filho, que está assustado no banco de trás. Finalmente chegam à escola, o menino desce rápido, batendo a porta do carro novo, mas deixando o pai ainda mais entristecido por ter saído sem se despedir. Enquanto reclama sozinho sobre o comportamento do garoto, o pai acelera em direção ao escritório. Ao chegar, percebe que esqueceu sobre a mesa da cozinha a pasta com seu computador, com a apresentação que deveria fazer naquela manhã. Então, resta entrar na sala do chefe, onde um grupo de investidores já o espera, pedir desculpas, remarcar a apresentação e explicar que a culpa era do seu filho, que havia derramado café na sua camisa.

Na cabeça desse nosso personagem fictício, mas que poderia muito bem ser real, a responsabilidade por tudo que acontecera entre a bela cena do comercial de margarina e o constrangimento e o prejuízo pelo cancelamento da reunião era realmente de seu filho, por ter derramado aquele café.
Vamos voltar ao **PARE REZE**. Tudo deu errado não pelo esbarrão do menino na xícara, mas pelo fato de o pai não saber reagir a esse fato, a uma situação que estava fora do seu controle.
Ao perceber o café derramado, aquele pai poderia ter parado por alguns instantes, respirado, refletido que aquilo não passava de um pequeno acidente e, então, dito para o filho não se preocupar. A esposa, percebendo seu carinho, pegaria uma camisa nova imediatamente, o filho não perderia a van, e o pai seguiria tranquilamente

para o escritório, com sua pasta, para fazer a apresentação ao grupo de investidores, recebendo antes um beijo de boa-sorte de sua esposa.

Perceba que não foi o filho, nem o café. O ponto é a maneira como se reage diante de uma situação que não se pode mais controlar. O café na camisa é um "incêndio perdido". O foco deve estar na solução. E, dependendo do problema – se for necessário, e em outro momento –, poderá conversar sobre o ocorrido para tentar evitar que aquilo se repita.

– Filho, olha bem onde você vai colocar sua xícara hoje, hein?

Por isso, o controle da ansiedade é muito importante para quem precisa liderar equipes, de modo que, mesmo diante de uma situação muito mais complexa que essa descrita apenas para ilustrar algo cotidiano, o líder possa tomar uma decisão correta para si próprio, sua equipe, a organização e todos aqueles que podem ser impactados por ela.

Posso afirmar categoricamente que os maiores erros que cometi em operações foram as decisões que tomei sem parar para pensar, agindo no calor do momento, já que nas atividades em que nós, bombeiros, atuamos, as situações mudam o tempo todo. Mesmo durante um incêndio que parece controlado, pode acontecer uma mudança de planos e de cenário, como uma explosão ou a queda de uma estrutura, por exemplo.

Ao precisar atuar em momentos de extrema emoção de nossos clientes, as vítimas, muitas vezes tendemos a agir instantaneamente com a emoção, mas nosso treinamento nos condiciona a agir de forma mais racional, justamente nessas situações. Algumas vezes os bombeiros e outros militares são cobrados por demonstrarem certa frieza diante de uma cena em que as emoções deveriam expor seu desespero. Mas é importante saber que essa atitude é necessária e até mesmo fundamental para trazer equilíbrio àquela situação e às nossas decisões. Essa pode ser uma das maiores dificuldades ao encararmos um desastre ou um problema, principalmente quando há outras pessoas envolvidas.

O que parece natural é imediatamente nos colocarmos no lugar da vítima, ou então nos lembrarmos de alguém de nossa família. Já estive em muitas operações duras com crianças, tendo em casa dois meninos. É claro que isso mexe com qualquer pessoa, até mesmo com os militares mais bem preparados. E é justamente o equilíbrio entre a razão e a emoção que faz com que as melhores decisões sejam tomadas, seja para salvar alguém que esteja se afogando, para seguir após uma fechada no trânsito, para reagir à xícara de café que seu filho derramou na sua camisa, seja até para responder ao chefe ou a um funcionário que não agiu exatamente como você esperava durante uma reunião.

Pode parecer estranho, mas bons líderes tendem a ser mais ansiosos. Talvez seja por uma cobrança maior pelos resultados definidos pela organização ou por exigência dele mesmo, considerando o nosso mundo imediatista.

Uma maneira de entender e encarar a ansiedade é utilizar o que chamo de **BALANÇA DE DESEMPENHO**. Nessa balança temos quatro personalidades que diferem entre si na relação ansiedade (ou estresse) x confiança.

BALANÇA DE DESEMPENHO

Emoção	Perfil A	Perfil B	Perfil C	Perfil D
Confiança	O	O	o	o
Ansiedade	o	O	O	o

Quais dos perfis você escolheria para ser o líder de um time?

É comum pensarmos a princípio que o Perfil A seja o mais adequado para o líder. Muita confiança e pouca ansiedade. É verdade que o Perfil A pode ser a postura mais confortável, mas ele também é extremamente vulnerável à perda de controle, devido ao excesso de confiança, que atrapalha o foco e a preparação necessária.

■ Perfil A

Postura mais confortável, porém é vulnerável a falhas e a uma correspondente falta de confiança no futuro. Pode ter um bom desempenho nessa postura por um tempo, mas não pensa em contingência (aquelas preocupações do tipo "e se"). É uma mentalidade superconfiante, que pode chegar ao Perfil C (inverso do Perfil A) muito rapidamente.

■ Perfil B

É o mais produtivo, o que requer mais energia. A ansiedade é alta o suficiente para inspirar uma abordagem focada e séria, que exige maior preparação. A confiança também é alta porque existe uma crença correspondente de que essa preparação adequada levará ao sucesso.

■ Perfil C

Maior consumo de energia e mais insegurança, que pode levar a um declínio no desempenho devido à falta de serenidade, foco, "ruminação" ou preocupação. As pessoas que fracassam em uma missão correm o risco de adotar esse perfil se não conseguirem extrair um *feedback* positivo de seus erros e ultrapassarem a negatividade associada à falha.

■ Perfil D

Pouca energia e aparente desinteresse. Geralmente é a postura de quem para no meio do caminho mais facilmente, em vez de buscar soluções para tentar terminar algo que começou. Essa é a postura de quem deixa de se envolver. É aquele que normalmente bate o sino e desiste da missão.

Um bom líder deve ter o Perfil B.

Outra coisa é bem clara: o indivíduo do Perfil D não está preparado para ser um líder.

Desistir
não é uma opção.

Pode-se observar através da **BALANÇA DE DESEMPENHO** que a ansiedade, se controlada, é positiva. Uma vez que o líder tenta resolver problemas, ele anseia por mudanças e pela conclusão de tarefas. O seu diferencial é saber controlar essa ansiedade.

Para tanto, é necessário um treinamento constante (teremos um tópico específico para isso), de maneira que consiga reproduzir situações que parecem impossíveis de acontecer, mas, caso aconteçam de verdade, ele saberá qual deve ser sua atitude.

▸ **Reflexão**

Também podemos chamá-la de "diálogo interno", uma ferramenta necessária para direcionar a ação esperada diante do evento ou da situação ocorridos, uma vez que a reação escolhida determinará o resultado.

> Uma das provas mais difíceis do nosso Curso de Operações em Desastres é a do lançamento do saco de arremesso no centro da boia circular.
>
> A boia tem cerca de 60 centímetros de diâmetro, como aquelas de embarcações e navios. O saco de arremesso é uma bolsa de tecido que contém uma corda de 20 metros de comprimento enrolada. Penduramos a boia a cerca de 1,5 metros de altura

do solo. O aluno fica a 12 metros de distância e precisa acertar o saco de arremesso dentro da boia. Ele tem apenas três chances, lembrando que na vida real ele só teria uma tentativa para acertar uma vítima que estivesse sendo arrastada pela correnteza. Isso acontecerá numa prova subsequente, na correnteza de um rio, com uma vítima fictícia. O aluno que chegar até essa etapa precisará fazer um arremesso.

A essa altura do curso, os militares já foram levados ao extremo de frio, sono e fome, e o treinamento de enchente passa a ser algo mais técnico, devido ao perigo que envolve a atividade no rio com correnteza. Mas, dessa vez, o aluno teve tempo para treinar, inclusive para a prova com o saco de arremesso na boia circular.

Ocorre que um teste como esse exige muita concentração, técnica, força e habilidade. Geralmente, quando o aluno consegue acertar o arremesso do saco na primeira tentativa, o que é algo muito raro, ele já está praticamente no final do curso, mas se livra de um grande peso nas costas, uma vez que essa é uma das provas mais difíceis. Porém, quando o aluno tenta a primeira vez e erra, duas coisas podem acontecer:

1. Ele fica dizendo para si mesmo: "Eu não vou conseguir", "Essa prova é muito difícil", "A maioria erra, eu também vou errar", "Eu errei da primeira, agora vez só tenho mais duas chances", "Se eu errar, serei eliminado", "Se eu errei quando estava mais calmo, como farei para acertar agora?".
2. Ele diz para si mesmo: "Calma. É só me concentrar que eu acerto", "Eu já acertei no treinamento e vou acertar agora", "Ainda tenho mais duas chances, é só utilizar a técnica que eu consigo", "Se alguém já conseguiu, eu também consigo".

O aluno que tem o primeiro "diálogo interno", na maioria das vezes, erra os lances seguintes. Já o que tem o segundo "diálogo interno" acerta logo em seguida. Em média, um indivíduo fala entre 80 e 150 palavras por minuto consigo mesmo. Sendo assim, é desnecessário dizer que essa "pessoinha" dentro da sua cabeça tem uma influência absurda na sua vida.

Para todos os alunos que erraram na primeira vez eu pergunto o que eles pensaram no segundo arremesso. E em mais de 90% das vezes, uma reflexão negativa gerava ações negativas. Já a reflexão positiva, como podem imaginar, gerava ações positivas. Depois dessa análise, eu verifiquei que, para todas as outras provas, os alunos bem-sucedidos eram aqueles que se estimulavam positivamente para realizar determinada atividade ou, mesmo depois de um erro, mantinham seu foco nos acertos e em pensamentos positivos para alcançar seus objetivos.

Eles precisavam acertar. Mas, antes, eles também precisavam saber que poderiam acertar.

A vontade de **acertar** está acima da possibilidade de **errar**.

Há um exercício que pode ajudar a mudar nossa forma de pensar e, consequentemente, obter melhores resultados. Chamo-o de: **EPR – EVENTO, PENSAMENTO e RESULTADO.**

EPR – EVENTO, PENSAMENTO E RESULTADO

Utilizamos a palavra mnemônica EPR para designar "Evento, Pensamento e Resultado", causados por aquele "diálogo interno" a partir de um determinado evento, e demonstrar a importância de praticar a positividade em busca de melhorar a confiança, o desempenho e, consequentemente, os resultados.

Curiosidade: nos Bombeiros, EPR significa "Equipamento de Proteção Respiratória", normalmente utilizado para adentrarmos um local com incêndio, lembrando que jamais devemos entrar com um cilindro de oxigênio em um incêndio, o que poderia causar uma grande explosão.

Vamos tomar como exemplo a prova do saco de arremesso na boia circular, em que os alunos poderiam ter duas reações após errarem na primeira tentativa.

Pensamento Negativo:
EVENTO: Prova do saco de arremesso
PENSAMENTO: "Eu vou errar e ser eliminado do curso"
RESULTADO: Pânico na hora da prova

Pensamento Positivo:
EVENTO: Prova do saco de arremesso
PENSAMENTO: "Eu acertei no treinamento, não preciso me preocupar"
RESULTADO: Tranquilidade na prova e concentração para executar a ação

O pensamento positivo não é condição para que o aluno acerte seu objetivo, mas sim para que a pessoa fique mais tranquila diante de determinada situação e consiga resolver o problema.

Dessa forma, as **FERRAMENTAS DE DECISÃO (Segmentação, Visualização, Controle e Reflexão)** são muito eficientes para que tenhamos uma melhor condição de seguir no processo de tomada de decisão. Portanto são elementos para já termos desenvolvidos e "guardados na mochila" quando formos encarar uma missão. Perceba como são inerentes a pessoas que têm uma boa capacidade de liderança e que conseguem tomar decisões mesmo diante de situações difíceis. Algumas já são naturalmente assim, mas essas ferramentas podem ser desenvolvidas a partir do momento em que passamos a ter conhecimento das técnicas e a dominar melhor as habilidades necessárias para enfrentarmos situações extremas, que fujam do nosso controle.

Agora, lembre-se das boas lideranças que você já encontrou ou viu atuar e tente recordar como elas se portavam diante de situações inusitadas, de problemas complexos ou de grandes desafios. Ao agir, elas se mostravam tensas e agitadas, dando ordens aleatórias? Ou pareciam confiantes e sem demonstrar pânico, orientando as pessoas de sua equipe com ordens claras e justificadas?

E quando for necessária uma "tomada de decisão extrema"...

Mesmo com as **FERRAMENTAS DE DECISÃO** desenvolvidas, muitas vezes, fazer uma escolha pode não ser tarefa muito fácil. E tomar decisões em momentos críticos é ainda mais difícil. Imaginem os casos que envolvem a vida de outras pessoas. Essa é a rotina dos bombeiros e de outras profissões, como os médicos e os policiais. Mas são as habilidades adquiridas e desenvolvidas, além da análise de cada problema, que ajudam muito nesses momentos.

Ao longo dos anos, eu entendi que, respeitando o tempo de resposta necessário para cada missão – que, no caso dos bombeiros, normalmente são emergenciais –, a tomada de decisões em situações extremas pode funcionar melhor se realizada por meio de algumas etapas bem simples, mas importantes. Principalmente para situações novas, surpreendentes e caóticas, nas quais algo parece ter chegado ao fim. Assim, para ficar mais rápido e fácil de lembrar, eu utilizo outra palavra mnemônica: o **MÉTODO F.O.D.A**.

MÉTODO F.O.D.A

FATO	O que aconteceu
ORIENTAÇÃO	O que eu sei
DECISÃO	O que eu devo fazer
AÇÃO	A realização

Fato

É aquilo que foi observado, uma ação decorrida que desencadeou a necessidade de se tomar uma decisão.

Orientação

É a bagagem de conhecimentos e experiências que cada pessoa carrega. Pode ser o fator decisivo que fará a diferença numa tomada de decisão. Cada indivíduo realizou uma sequência de aprendizados e treinamentos, e possui uma vivência pessoal e profissional acumulada ao longo dos anos. Essa orientação é o que normalmente faz com que duas pessoas possam tomar decisões diferentes.

Decisão

Diante da sua orientação, é preciso decidir o que fazer. É importante ressaltar que, muitas vezes, essa decisão deve ser compartilhada ou dividida com sua equipe, pois assim você tem a oportunidade de considerar orientações dadas por outras pessoas que têm experiências e conhecimentos que poderão complementar os fatores determinantes em sua decisão final.

■ **Ação**

É a execução, a realização daquilo que foi decidido. Aqui cabe avaliar se serão ações rápidas ou se irão requerer um planejamento mais detalhado para um problema maior. Entre a DECISÃO e a AÇÃO, pode ser que haja um lapso de tempo, que deve ser avaliado pelo líder ao considerar fatores como segurança, experiência ou necessidade de um planejamento complexo que deve ser feito caso a caso.

Vou exemplificar utilizando um caso meramente ilustrativo, e lembrando que em uma situação real haverá muitas variáveis, que podem alterar as etapas.

Um prédio está em chamas. Esse é o fato observado, é a partir dele que as decisões serão tomadas.

(**F**ATO)

Ao encontrar um prédio pegando fogo, um grupo de bombeiros inexperientes poderia querer subir imediatamente, sem todos os recursos, como os rádios comunicadores, ou poderia aguardar o máximo de tempo possível para subir com aparatos de comunicação, ferramentas de arrombamento e, no mínimo, uma lanterna.

Eu optaria pela segunda decisão, pois já fiz um treinamento específico para combate a incêndios em edificações altas e sei das muitas dificuldades que as equipes podem encontrar nessa situação, aumentando o risco e possivelmente o número de vítimas. Repare que minha decisão está baseada nas orientações que eu recebi e armazenei.

Por isso, vale ressaltar como são importantes os investimentos no que chamo de capital intelectual, que é desenvolvido ao longo da carreira de qualquer pessoa. Por exemplo, eu participei dos três maiores rompimentos de barragens em Minas Gerais. Por mais que eu queira e tente compartilhar tudo o que eu vivenciei naqueles dias com um novato ou com outro oficial que um dia vá me substituir no comando de equipes de

> busca e salvamento, ainda assim esse profissional não poderá acumular as experiências que eu carrego na minha bagagem. Mesmo que tenha realizado os mesmos treinamentos, estudado os mesmos casos e até tenha outras habilidades, ele ainda não sentiu o frio que eu senti nos diferentes tipos de lama, não lidou com as dores das pessoas que eu precisei confortar, não teve as dúvidas que surgiram desde o primeiro dia de buscas, não passou pelos medos que tive de enfrentar. Esse capital intelectual é praticamente impossível de ser transferido, e para que outro possa adquiri-lo, levará mais tempo e, no caso dos Bombeiros, mais perdas, infelizmente.
> (**O**RIENTAÇÃO)
>
> Uma boa decisão para a ocorrência do prédio em chamas seria: dentro do tempo possível, reunir a equipe e os recursos necessários, certificar se o edifício não corre risco de desabar, verificar a existência de vidas no interior do prédio, para realizar ações de salvamento. Não havendo pessoas a serem retiradas, deverão subir duas duplas para ações de isolamento e confinamento do incêndio, a fim de que as chamas não se propaguem para outros cômodos e andares.
> (**D**ECISÃO)
>
> Esses bombeiros subiriam com equipamentos de arrombamento e mangueiras para iniciar o isolamento do incêndio. Uma dupla faria o reconhecimento e as ações de buscas para realmente se certificar de que não há vítimas, enquanto a outra impediria que o incêndio se propagasse.
> (**A**ÇÃO)

Como podemos perceber, o **MÉTODO F.O.D.A** pode funcionar melhor quando já se tem as **FERRAMENTAS DE DECISÃO** bem desenvolvidas. Com elas, principalmente após empregar a técnica do **PARE REZE**, o cérebro já estará mais oxigenado e, assim, conseguirá tomar a decisão mais apropriada para aquela situação, podendo acessar com mais sabedoria os "arquivos" das experiências e dos conhecimentos adquiridos.

E, para finalizar este capítulo, podemos observar que muito do que abordamos não são situações rotineiras, e sim acontecimentos extraordinários, que realmente demandam posturas diferenciadas de alguém que assume a responsabilidade de estar à frente de uma equipe. Um líder é realmente colocado à prova nessas situações. É como o técnico de futebol que só é realmente testado nas partidas, e não nos treinos. Obviamente, os treinamentos são muito importantes, e aqui veremos como podemos treinar equipes, mas as situações extremas são o que realmente fazem um bom líder se diferenciar de um bom chefe.

No caso dos Bombeiros, 90% das vezes em que os militares saem do quartel é porque uma situação na vida de alguém fugiu totalmente do seu controle, e eles estarão lá para "colocar ordem na casa".

Por isso, um conselho que eu sempre passo à frente, para qualquer pessoa que se veja diante de uma situação de risco, inclusive um líder, é:

Não reaja, **responda**.

Reação é algo instintivo. Provavelmente a sua reação inicial será impensada, precipitada e inadequada. A resposta deve ser algo que vai além do instinto, racional, para a tomada da melhor decisão em cada tipo de situação.

O exercício para o processo de tomada de decisão deve estar muito claro na mente do líder. Para alguns, pode até parecer algo simplório e acabar tendo sua prática ou mesmo seu teste adiados.

Até que um dia irá se deparar com uma das situações descritas aqui, não necessariamente a de um incêndio em um prédio, caso não seja um bombeiro preparado para agir, mas de um imprevisto, ou um momento crítico na empresa ou até mesmo na vida pessoal, em que perderá o controle e ficará sem saber qual decisão tomar, nem por onde começar. Então, comece a praticar e a treinar essas habilidades em sua mente. Se achou simples, melhor ainda, pois assim esse exercício deve exigir menos esforço. E para aqueles que acharam complicado, posso afirmar que, se funciona para um militar que se vê diante de um dos maiores desastres ambientais do mundo ou de um ciclone com milhares de vítimas, funcionará para muitas outras situações. A partir do momento em que temos conhecimento do ciclo ideal de tomada de decisão e começamos a exercer essas habilidades, as decisões mais difíceis não se tornarão fáceis, mas sim cada vez mais naturais, seguras e melhores para aquela ocasião. Se foram certas ou erradas, só saberemos depois. Mas o que um líder jamais deve fazer é não agir.

Conteúdo complementar

Força Aérea Brasileira – Moçambique (2019)

Os preparativos para a captura de Bin Laden – CBS News

Ayrton Senna – Antti Kalhola

Efeito Fatso

AUTODISCIPLINE-SE

Durante o Curso de Operações em Desastres, fazemos de tudo para eliminar qualquer fator que sirva de motivação ao aluno. Noites sem sono, privação de comida, cansaço físico e psicológico, entre outros.

Muitos podem pensar que, em suas rotinas diárias, também dormem pouco, alimentam-se mal e ficam fisicamente cansados. Mas nosso curso é muito diferente disso, eu posso garantir. Afinal, não se trata de uma escolha do aluno, mas dos instrutores.

Não comer quando não se tem tempo é uma coisa, mas não comer porque os instrutores não permitem, enquanto eles se deliciam em uma mesa farta de frutas, é outra coisa. Não é apenas fome.

Não dormir porque você está trabalhando com o que gosta e fazendo com que sua empresa alcance novos contratos e novas conquistas é algo até prazeroso, mas não dormir porque você está com frio, com uma roupa suja de barro, ou porque o instrutor colocou uma caixa de som barulhenta na sua orelha durante a madrugada, é muito diferente. Não é apenas sono.

Para aguentar isso, é preciso ter disciplina, algo que vai além da motivação. Ter disciplina é saber que, mesmo realizando tarefas de que não gosta, as quais muitas vezes podem causar

> dor, deve se manter persistente, pois a sua vontade de concluir algo é maior.
>
> No nosso curso, o desejo de poder se juntar a um grupo de operações especiais é maior do que as dificuldades dos treinamentos que o preparam para isso.

Portanto, disciplina é a capacidade de organizar conhecimentos, sentimentos e comportamentos para realizar um determinado processo. Quando ela é desenvolvida principalmente pelo próprio indivíduo, sem que seja algo apenas imposto por um terceiro, como um instrutor, chamamos de autodisciplina.

Retomo um exemplo que já discutimos: a dieta. Dieta nada mais é do que autodisciplina. E, muitas vezes, quando fugimos dela, nos damos desculpas, como: era tudo o que tinha para comer. Aqueles que seguem rigorosamente um regime sabem que imprevistos acontecem, e, para não correrem riscos maiores, saem sempre com algo na mochila que faça parte dos alimentos permitidos e que possam comer.

Como também já vimos, a maioria dos treinamentos é mais mental do que física. No nosso caso, posso dizer que é 10% físico e 90% mental. Após passar por alguns cursos, entendo que, quando dissociamos a mente do corpo, tudo fica mais fácil. Então passei a pensar que o meu verdadeiro eu era um "ser" à parte que habitava uma caixinha, um robô, que comumente chamamos de "corpo". E esse meu ser poderia usar essa caixinha como bem entendesse. Essa ideia me ajuda a fazer com que minha mente trabalhe com menos cobrança, de maneira que, quando sentisse dor, diria:

"Não sou eu que estou sentindo dor. Isso é coisa do meu corpo".

Sabendo disso, é preciso exercitar alguns princípios para ajudar a mente a se acostumar com qualquer agente externo e, assim, não se perturbar. Dessa forma, é possível desenvolver a autodisciplina e fazer com que um time possa ter o desempenho de uma equipe de alta performance e lidar diariamente com as dificuldades.

Seguem os **PRINCÍPIOS DA AUTODISCIPLINA:**

PRINCÍPIOS DA AUTODISCIPLINA

Seja responsável.
Tenha objetivo.
Crie um gatilho.
Estabeleça processos.
Desenvolva resiliência.

▸ **Seja responsável**

Em qualquer organização, em qualquer empresa, o líder é responsável por tudo que dá certo e também pelo que dá errado, pois ele assume o risco das decisões de sua equipe. Se deu certo, é graças à equipe. Se deu errado, a responsabilidade deve ser principalmente do líder, pois muito possivelmente deve ter faltado visão, planejamento, orientação, inspiração ou outro elemento necessário para o cumprimento daquela tarefa que determinou para seu time.

A maioria de nós cresce culpando os outros. Culpa o professor pela prova difícil, culpa o corpo pela tendência a engordar, culpa o prefeito por não limpar a cidade. Temos a tendência natural de encontrar desculpas, mas precisamos eliminar isso dos alunos para não criarmos um combatente de operações especiais que reclama em vez de fazer o que precisa ser feito naquele momento.

Feche os olhos e imagine um bombeiro. Você não o verá reclamando que havia uma placa de correnteza naquele rio, dizendo que esqueceram uma vela acesa ao lado da cortina ou lembrando que há risco de barragens se romperem. Ele vai nadar na correnteza, enfrentar o calor da chama ou cavar sem cessar na lama.

Coloque na cabeça que a responsabilidade é sua e faça algo antes de arrumar uma desculpa.

▸ Tenha objetivo

Quem tem um "porquê" suporta qualquer "como".
(Friedrich Nietzsche)

O que eu mais gosto no Curso de Operação em Desastres é do aluno que sobrevive a todas as provações e acaba se formando, se não desistir. As tarefas são terrivelmente desenhadas para que o aluno sinta um cansaço físico extremo e fique mentalmente devastado. Assim, para que ele consiga concluir o curso, precisa mentalizar o seu propósito maior que, nesse caso, é se tornar parte de um grupo de alta performance. Alguns podem até ter outros objetivos na corporação, mas a maioria quer se juntar a um seleto grupo de militares que tem seus propósitos acima da dor que sentem cotidianamente. Não é que não sintamos dor, sono ou fome. Isso tudo está presente, como em qualquer pessoa, mas colocamos o propósito acima disso, e assim conseguimos desenvolver uma forma de suportá-los em busca de um objetivo.

– Missões. Nós precisamos de missões!

Ouvi isso de um militar que trabalhava comigo, assim que montamos o grupamento especializado em busca e salvamento em Minas Gerais. Todos os grupos especializados vivem esse dilema, pois querem se manter ativos e colocar em prática tudo o que aprenderam. Pelo fato de serem altamente preparados e de terem equipamentos para missões complexas, imagina-se que devam ser empregados apenas nas missões mais complicadas. Ocorre que a monotonia não pode tomar conta dessas equipes. De forma clássica, vemos nos filmes de guerra tropas que acabam ficando sem missões e, ociosos, começam a saquear, beber demasiadamente e importunar as mulheres locais, desestabilizando a estrutura da equipe. É ficção, mas tem sua parcela de realidade.

Não apenas para as questões profissionais, mas também para a vida, nós precisamos de missões, de objetivos, de algo que nos faça seguir em frente ou nos sentir desafiados. Portanto, não basta treinamento e planejamento. Para se sentir vivo, é preciso praticar na realidade e perceber a importância da sua existência. O bombeiro não depende apenas de grandes desastres para agir. Até mesmo tirar um gatinho de uma árvore é uma missão a ser cumprida, pois é a vida de um ser que está sendo impactada por aquilo, e essa é mais uma oportunidade de atender ao seu propósito.

> Se não puder fazer uma **grande mudança**, faça uma **pequena diferença**.

As pessoas precisam de objetivos. Por exemplo, emagrecer por uma questão de saúde. Para isso, cada uma terá uma forma que melhor se adequa a seu perfil, sua rotina e seus meios, através de dietas e reeducação alimentar, de diferentes tipos de exercícios físicos ou até de medicamentos, tratamentos e procedimentos cirúrgicos, quando recomendado. Mas emagrecer para alcançar uma melhor qualidade de vida (por que) deve ser mais importante do que a forma de fazer isso (como).

E se por acaso não houver uma missão que pareça muito relevante, ainda assim é possível ajudar alguém em outra situação. Seja o mentor de uma pessoa que está em dificuldade, divida seu alimento com alguém que esteja passando fome, doe seu tempo ou compartilhe um pouco do seu conhecimento com quem precisa; isso fará bem para a pessoa, para o mundo e para você, pois irá mantê-lo ativo, em busca de cumprir a missão.

Jamais deixe de ter metas em sua vida e nunca abandone um "porquê", colocando a culpa no "como".

▸ Crie um gatilho

O princípio anterior trouxe a visão da importância de realizar algo, numa busca pelo seu verdadeiro propósito. Para isso também existe algo nos cursos de operações especiais que pode ajudar a manter o foco no seu objetivo: os gatilhos mentais.

O gatilho é a imagem mental da coisa mais importante na vida do aluno. A ideia é que ele invoque essa lembrança num momento difícil para que ela possa ajudá-lo a superar seus obstáculos. Para alguns pode ser a imagem do filho, do pai, da mãe. Para um militar mais experiente, pode ser a imagem dos seus companheiros saindo vivos de um grande incêndio.

Não é preciso manter o mesmo gatilho ao longo da vida. Alguém que não tem filho pode ter a mãe como gatilho, mas após ver o nascimento do seu bebê, isso pode mudar. E afirmo: normalmente muda. Independentemente do que seja, o gatilho mental de cada pessoa é individual e deve ser algo que a faça passar por cima de qualquer coisa. É a razão, algo que importa mais do que qualquer coisa e se torna a força motriz em momentos difíceis.

Não é raro vermos nos filmes de guerra um militar tirando o seu capacete nas horas mais difíceis e olhando para a foto da sua família ou da esposa.

No meu primeiro livro, *Além da lama,* eu relato como utilizei o gatilho metal da imagem do meu filho para passar no concurso de oficial do Corpo de Bombeiros e como isso me ajudou a vencer aquela etapa, mesmo estando extremamente cansado.

Então, quando estiver em uma situação extremamente complexa, puxe o gatilho.

▸ **Estabeleça processos**

"Disciplina é liberdade."

Li essa frase em um livro de um ex-militar dos SEALs.
Ela também me remeteu à música "Há tempos", da época em que eu curtia Legião Urbana, mesmo sem entender muito na prática sobre essa relação entre disciplina e liberdade.

*"Disciplina é liberdade
Compaixão é fortaleza
Ter bondade é ter coragem"*

Mas a ligação entre disciplina e liberdade não existe só no meio dos SEALs (e na música de Renato Russo, Dado e Bonfá). A cultura de operações especiais trata isso como um mantra, pois sistematizar nossos processos faz com que eliminemos a possibilidade de erros. E, quando há vidas em jogo, ter isso em mente se faz ainda mais necessário.

Muitas vezes, no mundo profissional, os erros são aceitos porque não têm como consequência a morte, pelo menos não imediatamente. Mas muitos desses pequenos desvios em processos e condutas, ao longo do tempo, culminam numa marca irreparável na história de alguém.

Funcionários de um restaurante que não verificam com frequência a data de validade e as condições de armazenamento dos alimentos em seu estoque podem causar sérios danos a terceiros, que poderiam ser evitados com um pouco mais de organização e com a criação de processos.

Nos Bombeiros, os processos e sistemas de comunicação são feitos para que a informação a ser transmitida pelo comandante da operação (intenção do comandante) chegue clara e objetiva até a outra ponta da linha, onde estão aqueles que devem cumpri-la. A sistematização de tudo o que fazemos e os protocolos facilitam os processos e aumentam nossa eficiência.

É possível ter flexibilidade de adaptação? Óbvio que sim. E, modéstia à parte, eu nunca vi uma organização tão eficiente em improvisos quanto o Corpo de Bombeiros, até pelas características emergenciais e de imprevistos com que lidamos diariamente. Mas essa capacidade se deve ao fato de treinarmos todas as possibilidades, inclusive com falta de equipamentos fundamentais.

Portanto, numa corporação, quanto mais rigoroso for o procedimento operacional, visando a todas as possibilidades, mais liberdade haverá para se operar de forma eficiente, uma vez que todos sabem bem o que cada um deve fazer.

Os militares mais disciplinados que eu tive eram aqueles aos quais eu dava mais liberdade de ação, pois sabia que conheciam os protocolos, os processos e tinham em mente a intenção do comandante ao cumprir a missão. Esse militar tinha liberdade total de ação.

Eu já vi isso sendo aplicado por CEOs de grandes empresas que mantêm uma rotina. Steve Jobs, por exemplo, usava sempre o mesmo tipo de roupa e tomava, praticamente, o mesmo café da manhã todos os dias. Eu tenho um amigo e empresário que divide sua agenda de maneira que as segundas-feiras sejam dedicadas ao marketing, as terças, ao gerenciamento operacional, as quartas, aos produtos, e assim por diante. Ou seja, em cada dia da semana, ele seguia exatamente a mesma sequência de atividades. Para alguns, isso pode soar como falta de liberdade, mas, ao se criarem rotinas, processos e sistemas bem definidos, as execuções podem ficar cada vez mais refinadas, rápidas e eficientes, além de proporcionar liberdade para se dedicar a outras situações que, porventura, fujam dessa normalidade.

▶ **Desenvolva resiliência**

Na década de 2010, o estado de Minas Gerais sofreu drasticamente com grandes desastres, que colocaram à prova as equipes especializadas dos Bombeiros. Ao contrário do usual, em vez de utilizar um grande efetivo para realizar determinada tarefa, o Corpo de Bombeiros acabou por utilizar um baixo efetivo com alta efetividade.

Para que atuações como essa fossem possíveis e para que o desempenho melhorasse cada vez mais, foi necessário um acompanhamento psicológico aliado a uma resiliência mental gigantesca, de maneira a elevar ainda mais a dificuldade do treinamento nos aspectos psicológicos e não apenas físicos.

Vale lembrar que a quase totalidade dos alunos que desistem do curso para entrar no grupo especializado de operações em desastres o faz por motivações psicológicas, e não por desgaste físico extremo.

Por isso foram desenvolvidas as técnicas já explanadas anteriormente, as **FERRAMENTAS DE DECISÃO (Segmentação, Visualização, Reflexão** e **Controle)**, que auxiliam na melhoria das habilidades mentais do líder. Esses 4 elementos são essenciais para o fortalecimento da resiliência psicológica na busca pela autodisciplina.

Basicamente, todos os livros que tratam de operações especializadas mostram os seguintes componentes como peças-chaves para que um líder seja resiliente, sobre os quais já discorremos neste livro:

▶ Ter um propósito bem definido
▶ Trabalhar em equipe
▶ Ter desafios

Uma das maneiras de se destruir uma equipe de operações especializadas é não dar desafios para ela. (Lembram? "Missões, nós precisamos de Missões".) Jamais deixe de desafiar a sua equipe; isso é essencial para que desenvolvam resiliência.

Há um exercício no treinamento de operações especiais que pode ajudar o líder a ter autodisciplina. É a **REGRA DOS 40%.**

REGRA DOS 40%

Quando você achar que atingiu sua capacidade máxima para realizar uma tarefa, saiba que atingiu apenas 40% dela, e que ainda há muito mais a fazer.

Ou seja, a sua capacidade de realizar qualquer missão excede o que você acredita ser o seu limite. Dentro da própria marinha norte-americana, eles têm uma frase clássica: "A capacidade excede a crença".

Você já esteve em uma situação, na academia, numa corrida ou numa caminhada, em que pensou ter chegado no seu limite? Se sim, eu tenho uma ótima notícia. Segundo um estudo da própria marinha norte-americana, quando você pensa ter atingido seu limite, você está a cerca de 40% de sua capacidade máxima. Ou seja, ainda não chegou sequer na metade do que consegue realmente fazer. Esse é um mecanismo de desculpa do seu cérebro, para enganá-lo e mantê-lo, de certa forma, confortável.

Eu falo constantemente sobre a importância de estar sempre motivado. Na verdade, não é sobre estar motivado, mas sobre como, muitas vezes, as situações parecem querer nos impedir de seguir em frente. Mas nós devemos entender que essas dificuldades fazem parte do processo, e, para superar isso, devemos nos manter sempre dispostos a enfrentá-las.

Conteúdo complementar

Autodisciplina –
Will Smith (Motiversity)

No Excuses –
Ben Lionel Scott

From Stress to Resilience –
Raphael Rose (TEDx Talks)

40% Rule –
Business Insider

CONVIDADOS

MAESTRO JOÃO CARLOS MARTINS

Líder da orquestra

Brumadinho serviu para este "velho maestro" como uma lição de vida. Sabe por quê?

Porque eu tive a oportunidade de reger a banda do Corpo de Bombeiros. E eles me disseram que uma frase minha ficou marcada em suas vidas. É aquela em que digo que, ao mesmo tempo, a pior e a melhor coisa que aconteceram em minha vida foi perder as mãos para o piano.

No dia em que eu disse isso, percebi, ou melhor, tomei consciência de que eu tinha uma missão a cumprir com relação à música, e essa missão eu vou levar até o apagar das luzes, agora como maestro e tocando ainda algumas coisas no piano.

Os bombeiros com os quais me encontrei em Brumadinho, na ocasião em que fui até aquela cidade para reger um concerto em homenagem à corporação e também quando tive a honra de reger a banda do Corpo de Bombeiros, disseram que aquela minha frase tinha sido muito importante e que também servia para eles.

Brumadinho, sem dúvida alguma, foi uma tragédia, e a solidariedade tem que fazer parte de qualquer ser humano. Sabemos que o Corpo de Bombeiros sempre trabalhou com a maior competência do mundo para salvar vidas, para tentar minimizar os efeitos de uma tragédia, mas naquele tempo, em Brumadinho, eles aprenderam que não tinham simplesmente que usar sua competência e sua técnica salvando vidas, mas também alimentando o espírito, a alma e o coração daqueles que não tinham perdido só coisas materiais, mas também pessoas de suas famílias e muitos amigos. Sabemos perfeitamente que aqueles que perderam entes queridos nunca deixaram de ser confortados pelos integrantes do Corpo de Bombeiros em Brumadinho.

Eu cito esse fato e essa frase porque, no momento em que iniciei a minha nova vida como maestro, procurei mudar totalmente a minha visão em relação à minha vivência, que até então eu posso dizer que era solitária. Éramos eu e o piano.

E por que eu tive de mudar a minha relação com o piano? Porque eu era uma pessoa que ficava debruçada horas e horas sobre um teclado, sem me relacionar com outras pessoas nesses momentos em que a música nascia.

Quando me tornei um maestro, percebi que eu estava convivendo com cerca de 60, 70 pessoas. Para a música, eu procurei fazer de cada pessoa uma das teclas do meu piano, mas na convivência eu percebi que cada uma delas era, na verdade, um novo mundo para mim.

Houve grandes mudanças mesmo no que se refere à postura física. Do homem debruçado sobre o piano, nascia um homem de braços abertos para uma orquestra. Tomei consciência de que cada músico podia ter seus problemas pessoais, suas alegrias e tristezas.

A partir daí, procurei fazer da minha orquestra não simplesmente um grupo de músicos que buscam o perfeccionismo, mas procurei também participar de qualquer problema que algum deles pudesse ter. Assim sendo, a Bachiana Filarmônica SESI-SP foi além de uma orquestra que simplesmente procura fazer música e transmitir emoção, transformando-se numa orquestra integralmente dedicada à palavra *solidariedade*.

Essa foi uma nova vida para mim, que abracei a palavra solidariedade juntamente com a minha orquestra. Um músico cresce não apenas como profissional, mas como pessoa também, quando ele entende o que responsabilidade social e sustentabilidade significam na vida em sociedade.

Reger uma orquestra é estar totalmente comprometido com a palavra *harmonia*. Ou seja, uma orquestra significa a harmonia entre as cordas, as madeiras, os metais e a percussão. Assim sendo, você precisa, na sua interpretação, misturar a individualidade de um intérprete com a personalidade de um autor, de um compositor. Isso significa que o som de uma orquestra será o som do maestro, e, para que isso aconteça, a harmonia também deve estar presente entre todos os componentes da orquestra e o maestro. Desta forma, poderá haver uma realização musical que realmente chegue até o público com todas as características da personalidade e da individualidade do maestro, respeitando o texto do compositor.

Nós, músicos, temos a graça de Deus de poder transmitir solidariedade, paz e amor para um público. Entendo que esse é o sentimento que inunda também os integrantes do Corpo de Bombeiros.

É isso que procuramos fazer, e por essa razão eu me sinto privilegiado de poder escrever estas palavras num livro que tem a maior importância, sem dúvida alguma, porque traz muitas reflexões e opiniões que podem contribuir para a nossa sociedade.

É um prazer e uma grande alegria poder, aqui, colaborar para isso.

APRENDA A SE CONECTAR

Provavelmente aqueles nascidos antes de 1990 devem se lembrar de onde estavam ou o que estavam fazendo no dia 11 de setembro de 2001, quando dois aviões cheios de passageiros se chocaram contra as Torres Gêmeas do World Trade Center, em Nova York, outra aeronave caiu sobre o Pentágono, a sede do Departamento de Defesa dos Estados Unidos, e ainda uma quarta caiu num campo aberto no estado da Pensilvânia. Todas num intervalo de menos de duas horas.

Eu ainda era criança e estava no colégio. O professor de História entrou chocado na sala de aula e, sem alternativa para esconder seu assombro, acabou por nos contar o que havia ocorrido. Naquela data, eu nem sonhava que um dia pudesse me tornar um bombeiro, e muito menos que me especializaria em ações de busca e salvamento em grandes desastres. Mais tarde, já em casa, eu observei pela TV aquela grande quantidade de pessoas comuns correndo desesperadas diante de um prédio em chamas, estarrecidas com o que estavam presenciando.

Tempos depois, quando eu já tinha me tornado bombeiro, assisti ao documentário *9/11*. Dois franceses estavam vivenciando e documentando o cotidiano dos bombeiros americanos no Posto Central, em Nova York. E foi assim que, numa ocorrência de rotina nas ruas, durante o atendimento de um chamado de vazamento de gás, eles conseguiram registrar a imagem do primeiro avião colidindo com uma das torres do World Trade Center. Então, os bombeiros que estavam ali correram imediatamente em direção ao edifício atingido.

No desenrolar do documentário, vemos que os bombeiros que estavam no interior de uma das torres não sabiam exatamente do que aquilo se tratava. Eles iniciaram aquela operação somente com a informação de que um avião havia se chocado com o edifício. E, pouco tempo depois, o mundo assistia à segunda torre ser atingida e ambas desabarem, depois de terem ardido em chamas por dezenas de minutos, fazendo milhares de vítimas, entre elas, muitos desses bombeiros.

Trabalhar com falta de informação pode atrapalhar muito as tomadas de decisão, ainda mais em meio a uma situação crítica e emergencial, quando se precisa do máximo de elementos para embasar a melhor decisão da maneira mais rápida possível. Por mais que aqueles bombeiros no interior da primeira torre possuíssem rádios de comunicação, muito possivelmente não haviam recebido informações sobre o que poderia estar acontecendo, e que mais tarde todos descobririam: que se tratava de um ataque terrorista.

Um fato interessante ocorreu com um dos grupos de bombeiros que estava sob as orientações do comandante Pfeifer, um dos primeiros a chegar ao World Trade Center naquele dia, assim que avistou a primeira colisão. No decorrer da operação no interior de uma das torres junto a sua equipe, mantendo o controle em meio ao caos de informações e providências que se faziam necessárias, seu olhar atento e sua experiência fizeram com que, em determinado momento, ele desse a ordem para os bombeiros evacuarem o local. Imediatamente, os seus liderados obedeceram e, pouco tempo depois, tudo veio abaixo. Portanto, a presença desse líder junto a sua equipe fez com que ele tomasse decisões que culminaram não no sucesso da operação como um todo, mas ao menos na prevenção de óbitos entre membros de sua equipe. E, a meu ver, essa foi uma enorme vitória numa operação como aquela.

Na operação do desastre após o rompimento da barragem em Brumadinho, em 2019, algo fenomenal aconteceu.

Nossa equipe chegou a ter mais de 300 bombeiros trabalhando de uma só vez em campo e realizando os trabalhos de buscas. Eu estava no Posto de Comando e tinha conhecimento de onde cada militar estava em tempo real, pois contava com um balão dirigível com uma câmera 360 graus e um zoom ótico de 20 vezes, que me permitia ver o que cada bombeiro estava fazendo. Os rádios comunicadores me permitiam deixar o canal aberto e ouvir o que cada equipe discutia. Através de imagens geradas por drones, eu conseguia sobrevoar os locais de intervenção e transmitir ao Comando Geral as imagens do campo de buscas e quais tarefas nossos bombeiros estavam desempenhando. Além disso, os drones eram equipados com câmeras térmicas e sistema de som que permitiam um monitoramento noturno. Para anunciar qualquer fato, conseguíamos mandar imediatamente imagens em vídeo de alta qualidade ao comandante geral, que se comunicava com as autoridades do governo sobre o que estava acontecendo na operação e, consequentemente, atualizavam a imprensa e a população.

Todo esse aparato tecnológico me permitia estar conectado com cada bombeiro num enorme campo de buscas, mesmo à distância, tendo interações em tempo real com mais de 20 frentes de trabalho em uma área de mais de 10 quilômetros.

Mas, por incrível que pareça, eu nunca tive tanta dificuldade de comandar as equipes em campo.

Em 2015, eu também estava numa operação parecida de rompimento de barragem, dessa vez em Mariana. São apenas 4 anos entre essas duas ocorrências, um espaço de tempo curto, mas em Mariana eu não tinha drones à disposição, os rádios mal pegavam, e eu precisava estar lá no campo e participar das buscas junto aos meus militares.

Apesar dessa falta de recursos tecnológicos, estar lá com eles me permitia sentir o mesmo que eles, ao ficarmos completamente molhados quando chovia, o mesmo incômodo da lama debaixo da farda e do cheiro do rejeito que pairava no ar. Eu ficava percorrendo as áreas, vendo de perto a destruição. Casas, carros, brinquedos cobertos de lama e muitas histórias destruídas. E, assim, sentia toda aquela dor e tristeza. Quando eu olhava para os militares, só pelo meu olhar, eles sabiam se deviam avançar, ter cautela ou escavar, pois havia uma conexão.

Era uma conexão diferente daquela proporcionada pelos recursos tecnológicos e que é, nesse tipo de trabalho, fundamental, pois lidamos com as emoções dos nossos "clientes", as vítimas, seus familiares e amigos, além dos nossos homens e mulheres que estão lá para fazer o trabalho ao qual foram ampla e intensamente preparados, mas a presença e a proximidade do líder ao lado de sua equipe pode fazer a diferença.

Nos primeiros dias do desastre em Brumadinho não tínhamos toda a estrutura que mencionei, que foi sendo montada com o decorrer da operação. Como ainda não havia drones e outras tecnologias, era necessário estar ao lado deles e sentir com mais precisão o que aquela tropa sentia. Depois que os equipamentos chegaram, eles nos ajudaram muito, mas de outra forma. Para resumir, digamos que foi possível cobrir uma área muito maior, ajudando até a reduzir rapidamente a lista com o número de pessoas desaparecidas, pois a visualização e a comunicação eram mais fáceis e rápidas. Certamente a tecnologia nos ajudou muito no sucesso dessa operação que, mesmo assim, seguiu por muitos meses, em razão do elevado número de vítimas.

Em Brumadinho, eu sabia que as decisões precisavam de um local tranquilo para serem tomadas e que no Posto de Comando eu tinha a conectividade necessária para obter todas as informações possíveis dos meus militares em campo. Mas eu também

> precisava ir a campo, para ter as conexões necessárias, olho no olho, algo que a câmera com a melhor resolução de som e imagem não consegue captar. É muito diferente a sensação de estar no silêncio de uma cidade que acabou de ser devastada, ouvir um de nossos cães de busca e salvamento latir num determinado local e saber que ali pode ser encontrada uma das nossas 270 "joias", como chamamos as vítimas da tragédia de Brumadinho.
> Graças a essas possibilidades de nos conectarmos com as pessoas e com as informações, apesar de todas as perdas irreparáveis, é possível dizer que, até o momento, essa operação de busca foi bem-sucedida. Localizamos mais de 95% das joias e, assim, permitimos que essas famílias e amigos pudessem fazer essa conexão.

Com esse paralelo, quero demonstrar algo que o líder deve saber estabelecer: a conexão com sua equipe.

Estar em um ambiente caótico e ter de tomar decisões é extremamente difícil e, por isso, diante de uma crise, de situações extremas e de alta complexidade, alto risco, confusas e que se modificam o tempo todo, é necessário, muitas vezes, que o líder se recolha para que possa tomar a melhor decisão possível.

Aproveitar o desenvolvimento tecnológico do mundo moderno para ter ferramentas que aumentem a precisão e a eficiência de seu trabalho é, sem dúvida, uma dádiva que nunca deve ser recusada. Mas um líder também não pode se abster de sentir o que sua equipe sente, de passar pelo que o seu time passa, pois só é possível mensurar o calor de um sol escaldante quando o mesmo bate na sua pele e, com o tempo, a faz arder. Muitas vezes, será preciso encostar a barriga no balcão, descer ao chão da fábrica ou colocar a mão na massa, para que os planos e as decisões de um líder possam se basear ainda mais na realidade de quem está no mesmo barco, mas do outro lado da porta da cabine de comando.

> Quando eu era recruta, um sargento ordenou que nosso grupamento pagasse séries de flexões no pátio descoberto do batalhão, ao meio-dia, antes de sermos liberados para o breve intervalo do almoço. As séries eram de no mínimo 30 flexões, seguidas por polichinelos.
>
> Em determinado momento, olhei para trás e vi a chefe de curso, a 2º tenente Stella, abaixada fazendo flexões também. Não entendi muito bem aquela cena. E quando já estávamos na terceira série, ela se aproximou do sargento, que mantinha a postura ereta e o olhar fixo nos recrutas. Então eu pude fazer a leitura labial do que a tenente disse ao sargento:
>
> – Pare com as flexões. O chão está muito quente.
>
> Eu olhei para as minhas mãos, que realmente elas estavam vermelhas como brasas. No calor da atividade nem percebemos o quanto o chão estava quente.
>
> Ela percebeu que aquilo poderia ser demais, mas antes de achar, foi lá e fez. Verificou se as condições a que a equipe estava sendo submetida eram as mínimas suficientes, de forma que o próprio líder conseguisse exigir mais ou menos de sua equipe. E, assim, decidiu poupar um desgaste que muitas vezes precisa ser enfrentado. Esse é o papel do líder.

O líder dever saber dosar sua postura, para que trabalhe com o máximo de informações necessárias e possa tomar as melhores decisões. Mas, sem querer interferir nessas decisões, vale saber que equipe alguma jamais questionará uma ordem de alguém que esteja ao seu lado no *front* de batalha, vivenciando as mesmas dificuldades e possibilidades. Caso o líder se mantenha recluso, ainda é capaz de ouvir:

– É muito fácil tomar decisões sentado e embaixo do ar-condicionado.

Assim, a simples presença de um líder no local de trabalho pode modificar totalmente o ambiente de uma operação. Eu vejo isso sempre.

Não é sobre **tecnologia**.
É sobre **conexão**.

Em 2020, durante um intenso período chuvoso em que ocorreram enchentes, deslizamentos e ocorrências de soterramentos na região metropolitana de Belo Horizonte, meu time estava atendendo uma ocorrência com duas pessoas parcialmente soterradas em um local extremamente perigoso, pois o risco de novos deslizamentos era iminente.

Uma dessas vítimas, ainda com vida, estava em um local que ninguém conseguia acessar, devido à complexidade do resgate e ao perigo de que uma parede de mais de 10 metros de altura caísse em cima dos bombeiros e da vítima.

Eu cheguei cerca de vinte minutos depois da minha tropa e localizei a vítima ainda soterrada até a altura do peito e dois dos bombeiros de minha equipe ainda sobre uma laje, antes de acessar o local onde estava a vítima. Eles se entreolhavam, e de longe eu percebi que já tinham tentado descer até o local, mas a falta de segurança os impedia, pois o risco de eles próprios se tornarem vítimas era real. Quando eu cheguei mais perto deles, eles olharam para mim e imediatamente desceram.

Eu desci logo depois e fiquei ali com eles naquele resgate dramático. Eu não falei absolutamente nada, eu não dei ordem nenhuma, mas eles desceram porque a minha presença era a segurança de que eles necessitavam para fazer algo a que já estavam dispostos. Eles sabiam que se eu mandasse que eles saíssem dali, era porque o limite extremo havia chegado.

E assim foi feito. Mais uma missão cumprida. Por eles.

A minha presença era importante naquele contexto? Eu sou uma pessoa tão importante, a ponto de meu pessoal decidir fazer algo devido à minha presença ou participação? Se eu não estivesse ali, eles fariam a mesma coisa? Fariam do mesmo jeito?

O que importa ressaltar aqui é que a presença de um líder é importante para um time.

No dia 11 de setembro de 2001, quando o comandante Pfeifer determinou aos bombeiros de sua equipe que se retirassem imediatamente do local, eles só saíram porque o seu líder estava lá, ombro a ombro com eles. Caso contrário, eu acredito que muitos hesitariam em sair, pensando nas vidas das pessoas que poderiam se perder se eles abandonassem aquele local.

Mas um time bem treinado e ciente de que seu comandante, de alguma forma, está junto com ele em campo, vivenciando as mesmas dificuldades, jamais questionará a ordem do seu líder, seja para entrar numa casa com altíssimo risco de deslizamento, seja para evacuar um prédio em chamas e com muitas vidas ainda por salvar.

Conteúdo complementar

Comandante Pfeifer – World Trade Center – *ABC News*

CONVIDADOS

CELSO ATHAYDE

Líder social

Favela não é carência. É potência.

Posso afirmar. Nasci e fui criado em três favelas diferentes no Rio de Janeiro. Também morei em abrigos públicos e embaixo de viaduto. Aliás, foi nesse local que, há vinte anos, eu e MV Bill fundamos a CUFA (Central Única das Favelas), que está presente em mais de 400 cidades, inclusive em outros países. Sim, na Europa também tem favela.

Segundo o IBGE (Instituto Brasileiro de Geografia e Estatística) –, cerca de 15 milhões de pessoas moram em favelas no Brasil. É um número enorme, que, normalmente, é bem lembrado em períodos eleitorais. Mesmo assim, essa multidão não tem protagonismo. Durante centenas de anos, esteve limitada e sem acesso a informação, conhecimento e oportunidades, justamente para que ficassem ainda mais isoladas, o que, certamente, levou à necessidade de se virarem e se organizarem dentro de seus próprios guetos.

Mas se engana somente aquele que quer se enganar, ao pensar que essa organização se resume às regras impostas pelo tráfico e pela milícia, os tais "donos do morro". Principalmente pela falta de recursos, que não chegam ou não conseguem chegar até a favela, é que ela precisa criar seu próprio sistema de sobrevivência, que varia conforme as características de cada comunidade, região e da disposição de seus moradores, além das influências políticas e da facção no comando. Assim, de diferentes formas, acaba surgindo a figura do líder comunitário, que não é o "dono do morro". Aliás, muitas vezes, é um líder comunitário que precisa atuar entre os dois poderes, o do asfalto e o do morro.

Entendo que o líder, não apenas aquele que atua dentro de comunidades, é alguém que trabalha para conseguir mudar a vida de um grupo de pessoas, inclusive a dele. É a voz daqueles que não podem, não conseguem ou não sabem a melhor forma de serem ouvidos. Estabelece diálogos, servindo de conexão para aproximar diferentes universos. Organiza desejos, gerando condições para que eles se transformem em conquistas. Não se prende aos problemas, pois foca nas soluções. Oferece perspectivas e alternativas ao ajudar a capacitar pessoas. Busca significado individual e coletivo para que elas possam se sentir valorizadas e parte do processo. O líder tem a capacidade de escrever sua própria história, mas principalmente ajudar outras pessoas a se tornarem protagonistas de suas próprias histórias.

Um líder, principalmente o comunitário, não deve querer assumir a liderança apenas pelo seu status. Mais do que responsabilidades, há muitas necessidades, e na favela há pouco ou nenhum recurso. Então, ele deve construir a ponte com o asfalto, já que os problemas e as soluções para a favela não cabem somente a ela, mas também a quem não precisa ou não quer subir o morro. Para isso, é preciso viver essa missão, pois, fora das favelas, os moradores ainda são representados por pessoas que não vivem sua realidade e não sabem das suas urgências.

Foi nesse espírito de empoderamento que também criamos a Favela Holding, o braço empresarial da CUFA, com o objetivo de impulsionar o desenvolvimento de negócios e de profissionais nas favelas. Gente, muitas vezes, sem oportunidade, mas empreendedora. Fala-se muito em meritocracia, mas as pessoas não terão os mesmos méritos se não tiverem as mesmas oportunidades. Com capital, elas se organizam. Fortalecido, o morro tem força para definir seus caminhos.

Vale lembrar que é na favela que vivem a maioria dos negros e pardos do país. Esse é outro problema em que ainda esbarramos, principalmente fora da favela. Normalmente, quando eu coloco um terno, sou confundido com o motorista de alguém. O que não se enxerga atrás da minha roupa é que, apesar de não ter frequentado a escola, já fiz palestras em universidades pelo mundo, como Harvard e MIT. Minha mãe queria que eu fizesse um curso para borracheiro, para ter mais chances na vida. Já meu filho estudou na London School of Economics. Ou seja, nossos pais tiveram menos oportunidades, mas nossos filhos vivem num mundo globalizado e têm mais participação nas decisões da família. Então, é preciso parar de enxergar o favelado como mão de obra barata e aceitá-lo como parte integrante da sociedade, sendo tão ou mais capaz de virar um jogo, apesar das dificuldades. Ele não desiste e, assim, alcança lugares que pareciam impossíveis. Só que aquele jeitinho que dava para sobreviver passou a ser feito de forma mais organizada e participativa, ganhando outra denominação: empreendedorismo.

Por isso, acredito que classificar como carente todo morador de favela é uma forma de diminuí-lo. Essa população tem capacidades e ambições que muitas vezes não se concretizam pela falta de oportunidades. Não se pode dizer que a periferia está perdendo o jogo se ela não está jogando. Sem representatividade em todas as áreas da sociedade, é muito difícil para pobres e favelados mudarem essa realidade. Mas há esperança, e os líderes podem e devem ajudar nesse importante equilíbrio.

Antes, os jovens, os negros e os moradores das favelas tinham sonhos. Agora, eles só precisam de oportunidades para mostrar que é possível torná-los realidade.

COMO TRANSFORMAR UM GRUPO DE PESSOAS COMUNS EM UMA EQUIPE EXTRAORDINÁRIA

Apesar desse título chamativo, como já visto no capítulo "A fórmula (que não existe)", não é possível passar uma receita. Então, se alguém lhe oferecer um manual dos "5 passos infalíveis para montar um time imbatível", pode ter certeza que estará tentando te enganar.

Entretanto, existem algumas práticas que podem ajudar a fazer com que "pessoas comuns" formem uma equipe extraordinária.

PRÁTICAS DA EQUIPE EXTRAORDINÁRIA

- Faça as pessoas entenderem a importância de agir como uma equipe.
- Use o tempo a favor das pessoas da equipe.
- Mostre às pessoas o poder que existe em ajudar umas às outras.
- Alinhe as pessoas ao propósito.

Vamos descrevê-las melhor a seguir.

> **Faça as pessoas entenderem a importância de agir como uma equipe**

Todos os integrantes devem se enxergar como uma unidade, um grupo, um corpo. Como parte de um todo.

Algumas coisas que realizamos no nosso Curso de Operações em Desastres contribuem na formação de uma equipe. Isso é fundamental para um Corpo de Bombeiros. O treinamento é uma das principais fontes de formação de uma boa equipe. Um dos segredos é que as tarefas do nosso curso são desenhadas para serem impossíveis de se cumprir individualmente. Não importa quão bom, rápido, forte e inteligente um aluno seja, ele jamais conseguirá cumprir sozinho uma tarefa determinada em um curso de operações especiais, pois elas visam o trabalho em equipe.

> Em uma das provas do Curso de Operações em Desastres, mandamos um aluno atravessar uma forte correnteza em um bote, sozinho. Naturalmente, ele não consegue.
>
> Depois, colocamos mais um aluno no bote para ajudá-lo e, mesmo assim, não é possível. Então, com 3 e depois 4, eles quase conseguem. Mas, na maioria das vezes, são necessários no mínimo 5 alunos no interior do bote para cumprir a missão.
>
> Desde o princípio, os instrutores sabem que esses alunos não conseguirão sozinhos, mas fazem isso para que eles percebam e sintam a necessidade de trabalhar em equipe. Esse é um dos conceitos que inserimos desde os primeiros momentos do curso. São pessoas que nunca se viram na vida e que são colocadas à prova o tempo todo, fazendo despertar essa busca por entendimento e cooperação entre elas.
>
> Em outro momento, eles são separados em cangas (duplas), e tudo, absolutamente tudo, tem que ser feito "cangado".
>
> Se um quer tomar água, eles tomam juntos. Se um for estudar para a prova, eles irão estudar juntos. Dormir? Juntos. Eles são

colocados em situações em que um precisa descer de rapel, e sua corda está sendo segurada pelo seu companheiro; ou precisa mergulhar, e a sua demanda de ar comprimido está com o seu companheiro. Esses camaradas que nunca se viram literalmente têm a vida dos seus companheiros nas mãos.

Assim, eles desenvolvem num curto espaço de tempo uma relação tão intensa, que isso é levado para toda a sua carreira profissional, sabendo que sempre estarão "cangados" com outros membros de sua equipe. Podemos dizer que a vulnerabilidade gera essa confiança, pois eles são colocados em situações tão arriscadas e expostos a tantos perigos, que não resta outra opção a não ser confiar em outras pessoas, mesmo que nunca as tenha visto.

Essa convivência é colocada à prova a todo momento na vida real. Eu poderia citar inúmeros exemplos de situações em que quase morri ou que algum companheiro quase morreu e eu praticamente tive de escolher entre morrer junto com ele ou me safar.

Um desses momentos foi quando um barco virou em um local onde havia muitos aguapés. E nós estávamos justamente ali. Eu vi de imediato que o barco havia virado e nadei até o local, sem aparelho nenhum. Tentei resgatar um senhor que havia se afogado, mas as raízes dos aguapés me prenderam, assim como haviam prendido o senhor. Eu não me lembro de ter apagado, só lembro que um dos bombeiros que estava comigo se arriscou e mergulhou atrás de mim para me tirar daquela situação.

Tempos depois, após ter superado aquela situação dramática, perguntei ao meu salvador por que ele havia feito aquilo, mesmo sabendo que poderia morrer também, e ele me respondeu:

– Porque eu tenho certeza de que se fosse eu ali, o senhor teria feito a mesma coisa por mim.

A partir dessa lembrança, tentei buscar esses inúmeros outros casos de "uma vez eu quase morri", e a resposta era sempre a mesma:

– Eu fiz aquilo porque teriam feito o mesmo por mim.

Será que todo time é assim? Os membros de qualquer equipe estão dispostos a fazer sacrifícios por algum colega? Imagine trabalhar em um lugar onde as pessoas literalmente dariam suas vidas pelos outros.

Tenha ao seu lado alguém que se **arriscaria por você**.

▸ **Use o tempo a favor das pessoas da equipe**

A constância, a convivência, as dificuldades, as tarefas realizadas, as missões não cumpridas, a perda de um parente por um dos membros da equipe, almoços, (muitos) cafés, e tudo o que possa favorecer a convivência de um grupo são o que irá formar uma equipe de alta performance. Se todos tiverem um mesmo propósito, o tempo dará conta disso.

Segundos se transformam em minutos, minutos em horas, horas em dias, dias em meses, meses em anos, e por aí vai. Então, cada segundo importa, e a constância desses segundos é primordial.

Podemos comparar isso com os resultados de alguém que faz academia. Praticar dez horas de academia em um dia não vai servir de muita coisa, a não ser para te derrubar no dia seguinte. Assim como ir à academia cinco dias durante uma semana e só voltar no outro mês também não lhe trará benefícios duradouros. É a dedicação frequente, constante, que irá lhe proporcionar os resultados desejados.

Portanto, gaste tempo com as pessoas da sua equipe.

No meio militar, não é possível que o líder simplesmente dê um aumento salarial para os "funcionários", o que não impede, contudo, que eles se sintam valorizados. Só o dinheiro não faz com que as pessoas se engajem de verdade com seu trabalho. Porém, se percebem que alguém se importa com elas, isso fará uma enorme diferença no seu desempenho e na sua gratidão.

Da próxima vez que receber um e-mail com uma proposta de projeto ou uma dúvida, em vez de respondê-lo, vá até a mesa ou ao local de trabalho daquela pessoa para conversar pessoalmente com ela sobre aquele assunto. Você perceberá que isso fará diferença, pois o tempo é mais escasso que o dinheiro. No meio militar, não havendo possibilidade de recompensas monetárias, e é assim que fazemos com nossa equipe: passamos mais tempo juntos, tomamos o café juntos, e isso realmente tem um significado diferente.

▸ **Mostre às pessoas o poder que existe em ajudar umas às outras**

Em muitas dessas conversas com os bombeiros, costumo perguntar a eles qual foi a situação mais marcante de suas carreiras. Normalmente esperamos ouvir histórias de heroísmo, salvamentos incríveis, resgates cinematográficos... mas sempre, para a minha surpresa, nenhuma história assim me é relatada.

Um dia isso também me foi perguntado, quando me entrevistaram para um documentário e me questionaram sobre um momento marcante da minha carreira. Imediatamente, me lembrei do que havia acontecido em Sardoá, quando, infelizmente, um menino foi soterrado. No entanto, o que mais me marcara ali não foi a ocorrência em si, mas o fato de que uma senhora, que havia perdido tudo, se preocupava em oferecer banana frita para os bombeiros, sendo que aquilo era a única coisa que ela tinha para comer. Um gesto tão simples, mas que me impressionou profundamente. E as histórias dos outros bombeiros também eram de pequenas atitudes que mudavam a vida das pessoas, e nada de grandes feitos.

Eu achava isso curioso, e acabei por estender aquela pergunta aos militares do BOPE (Batalhão de Operações Especiais da Polícia

Militar) quando tive oportunidade de ajudar no seu treinamento de operações especiais. Imaginei que eles me diriam que as ocorrências mais marcantes para a realidade deles eram de trocas de tiro, invasões a locais tomados pelo tráfico, mas não. Nenhuma história desse tipo.

Um desses homens de preto me respondeu que a ocorrência mais marcante para ele foi quando, em uma enchente severa na cidade de Belo Horizonte, teve a oportunidade de resgatar uma mulher que estava no telhado de uma casa. Outro contou que entrou em um prédio que estava desmoronando e salvou os moradores. Todas as histórias se resumiam a ajudar o outro.

Assim, vemos que as pessoas só se sentem completas quando ajudam outras pessoas. Você pode até se sentir indiferente quando não ajudar, mas você jamais se sentirá bem por não ajudar.

Isso aconteceu também comigo. Eu fui ajudar alguém e acabei sendo salvo.

Em 2006, eu era soldado e ministrava aulas de Primeiros Socorros para civis. Um dos meus alunos era o Leonardo, o filho de um sargento da Polícia Militar. Ele era um cara diferenciado, realmente alguém que eu olhava e via que seria um excelente bombeiro. Mas o sonho dele era seguir a carreira do pai e se tornar um policial.

Durante as aulas, eu observava a dedicação do Léo e seu empenho em aprender como poderia ajudar a salvar vidas. E constantemente eu falava para ele:

– É... acho que alguém vai virar bombeiro...

Mas ele sempre negava.

O Curso de Primeiros Socorros terminou, e o Léo se formou.

Poucos meses depois desse curso, foi aberto um concurso para soldados do Corpo de Bombeiros de Minas Gerais. Então, eu liguei para o Léo, contando a novidade. Ele, ainda resistente, não se interessou muito, até que eu fiz um convite para ele ir tomar um café comigo no batalhão.

Um dia, o Léo apareceu no meu plantão. Tomamos o café prometido e aproveitei para dar uma volta com ele na viatura. Eu já o conhecia bem e sabia que ele não conseguiria evitar se apaixonar pela rotina e pela missão dos bombeiros. Depois daquele dia, ele resolveu fazer a prova.

Pouco tempo depois, lá estava o soldado Leonardo, formado e integrante do Corpo de Bombeiros de Minas Gerais. Naquela época, eu era tenente, e tivemos a sorte de trabalhar juntos.

Um dia, em atendimento a uma ocorrência de tentativa de autoextermínio, saímos para tentar impedir que um senhor que estava no alto do Viaduto Santa Tereza, em Belo Horizonte, se jogasse nos trilhos do trem. Rapidamente, eu e outro militar subimos nos arcos do viaduto para impedir aquele ato.

Aqui vale uma pausa para explicar brevemente a melhor forma de conduzir casos de tentativa de autoextermínio. É muito importante fazer com que o suicida desista do ato por vontade própria, e, para isso, devemos proceder a uma negociação, uma conversa.

Nesse caso, após cerca de duas horas, percebi que não obteríamos êxito. Precisaríamos interferir. E isso significa usar uma tática de abordagem, estando a alguns bons metros de altura. Eu estava preso por uma corda, que outro militar segurava, caso eu tentasse a abordagem.

Mas no momento da intervenção, o trem passou e acabou distraindo o militar. E ao agarrar o homem, eu e ele caímos.

Então lá estava o soldado Leonardo. Atento ao resgate, ele segurou a corda sozinho, que passou com velocidade na sua mão, cortando a luva e deixando a palma de sua mão em carne viva. Mas eu e aquele homem não morreríamos naquele dia.

> Ao ajudar o Leonardo a entrar no Corpo de Bombeiros, eu acabei salvando minha própria vida. Sabe quanto isso me custou? Uma xícara de café.

▸ **Alinhe as pessoas ao propósito**

Um líder dever ter um propósito muito bem definido ao escolher as pessoas da sua equipe. Para isso, não é preciso escancarar em letras garrafais qual será o seu propósito, mas ele tem que saber perceber pessoas que queiram seguir o mesmo caminho, para a empresa ou para seu time.

Algumas pessoas já devem ter vivenciado uma situação em viagens, geralmente ao exterior, quando encontram por acaso alguém que nunca viram na vida usando uma camisa do mesmo time para o qual torcem. Estão em um país diferente, cuja língua provavelmente não dominam, mas ao ver a pessoa com a camisa do seu time, a cumprimentam como se fossem velhos amigos. Esse é um sentimento parecido com a identificação pelo propósito, quando se encontra alguém que parece querer seguir na mesma direção.

Mas isso não quer dizer buscar por pessoas iguais. Aliás, esse tipo de escolha para uma equipe será um fracasso, pois indivíduos com a mesma personalidade e características não irão necessariamente ajudar nas tomadas de decisões. Não tenha ao seu lado pessoas que simplesmente concordam com tudo o que você fala.

Não concordar com uma ideia ou ação é algo normal em uma equipe, e as mais sábias decisões são tomadas após uma reflexão em grupo, sendo que ao final o líder decidirá o que fazer. Após uma tomada de decisão, não há que se espernear ou tentar revertê-la, pois a partir daí, a missão deve ser cumprida. O assessoramento ao líder vai até a tomada de decisão; depois disso, é achar a melhor maneira de cumpri-la.

Algumas vezes, é preciso **concordar** em **discordar**.

Como escolher sua equipe

Qualquer que seja seu ramo de trabalho, duas características despontam quando falamos de equipes de alto desempenho: confiança e habilidade.

Essas características são fundamentais para que possamos escolher alguém para compor uma equipe de operações especiais, ou para integrar nosso time. Para isso, costumo montar um gráfico, em que temos "habilidade" em realizar determinada tarefa no eixo Y e a "confiança" no eixo X. Esse gráfico é divido em nove quadrantes, envolvendo as intensidades baixa, média e alta.

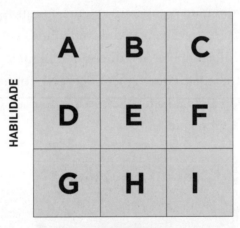

Não resta dúvidas de que aquele com quem mais queremos trabalhar é alguém do tipo C, que possui alta confiança e alta habilidade. Entretanto, eu me surpreendi quando comecei a perceber que na minha equipe os bombeiros preferiam ter pessoas do tipo I a ter alguém do grupo A ou B. E faz sentido.

A confiança é, sem dúvida, a característica mais importante de times de alta performance, porque as habilidades são fáceis de serem ensinadas.

Você pode pegar uma pessoa que não tem habilidade em determinada área e ensiná-la ao longo do tempo a ser extremamente habilidosa. Mas é impossível confiar nossa vida a alguém em quem não confiamos.

Não digo que temos de gostar de todas as pessoas do nosso time. A confiança não está atrelada aos laços de amizade. Como disse, já trabalhei com pessoas com quem particularmente não tinha amizade, mas em cujos desempenho e seriedade eu tinha uma alta confiança.

Os cursos e treinamentos para formar equipes de operações especiais ou equipes de alta performance visam principalmente formar laços de confiança inabaláveis, uma vez que habilidades técnicas podem ser formadas, mas o desenvolvimento de confiança leva tempo, como em todo relacionamento. Portanto, durante o curso os alunos são submetidos a tarefas em que a única opção é confiar uns nos outros.

A partir desse gráfico, fiz uma pesquisa com 52 militares que eu comandava, perguntando comparativamente em quem eles confiariam mais em uma operação entre dois indivíduos com características diferentes. Inicialmente, acreditei que ninguém responderia que gostaria de trabalhar com alguém de baixa confiança e baixa habilidade, levando a uma diagonal crescente do G ao C, conforme indicado no gráfico a seguir:

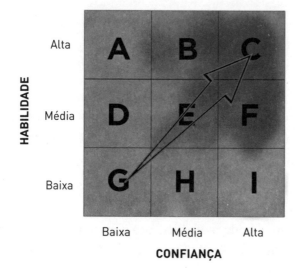

Porém, para a minha surpresa, muitos responderam que prefeririam trabalhar com pessoas de baixa habilidade e alta confiança (tipo I), conforme o quadro a seguir:

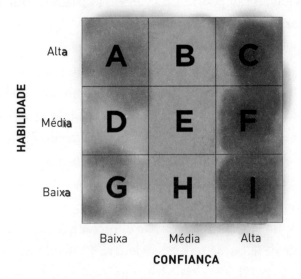

Outro fator que merece destaque foi que não houve nenhuma resposta em relação à média confiança. Isso ocorre pelo fato de que não há como confiar "mais ou menos" quando nossa vida está em jogo.

Portanto, a escolha de pessoas para trabalhar em um time de operações especiais não deve se basear tanto nas habilidades envolvidas, mas sim na confiança que é desenvolvida naquele time. E essa confiança deve estar atrelada a valores fundamentais, sendo eles legais, éticos e morais.

VALORES FUNDAMENTAIS

Legais: siga as leis.
Éticos: siga as regras.
Morais: siga o que é certo.

Entre eles, gostaria de destacar o moral, pois pode haver certa dúvida em seu entendimento prático do que ele representa para cada indivíduo.

Em um time de alta performance, os valores morais podem até se sobrepor às leis e às regras, pois muitas vezes as legislação e as normas não preveem certas situações.

> No dia 25 de janeiro de 2020, exatamente um ano após o rompimento da barragem em Brumadinho, eu estava de férias e recebi uma mensagem de áudio de um amigo dizendo que dois bombeiros acabaram soterrados ao prestar atendimento a vítimas, após as fortes chuvas que atingiram Minas Gerais. Eu não tive dúvidas: fiz minha barba, coloquei minha farda e me desloquei até lá no meu próprio veículo. Além de não obedecer à determinação de meu período de férias, no trajeto, eu devo ter cometido algumas infrações de trânsito (leis). Só ao chegar ao local é que consultei algumas mensagens no grupo de trabalho e percebi que havia uma notificação determinando que eu não me deslocasse para a ocorrência. Só que eu já estava lá. Pela regra (ética) eu deveria retornar para minha residência. Mas eu decidi fazer o que achava certo (moral).
>
> Subi até onde estava a chefe da operação e me apresentei, informei que eu estava de férias, mas que sabia que haviam bombeiros soterrados e que poderia ajudar. Então, ela me designou para um local onde a situação parecia mais crítica e onde outros bombeiros que trabalhavam na minha equipe estavam. Traçamos juntos uma estratégia de como retirar aqueles militares e a aplicamos com o primeiro.
>
> Mas, de repente, outro deslizamento aconteceu, e parte de uma parede caiu sobre nós. A situação ficou tão crítica que eu disse para todos abrirem as presilhas de seus capacetes, pois caso acontecesse um novo deslizamento poderíamos tampar o rosto com eles e ter uma mínima chance de respirar para sobreviver.

E amarramos uma corda nos unindo, pois assim seríamos mais facilmente localizados caso algo pior acontecesse.

Então, o militar que estava totalmente soterrado olhou pra mim e perguntou:

— Capitão, promete que o senhor não vai me deixar morrer?

Eu já tinha visto aquele filme. Em 2011, após o desabamento de um prédio, vi um militar prometendo isso para um homem, que pediu a mesma garantia, alegando ainda ter duas filhas pequenas para cuidar. Mas, apesar dos esforços, o final não foi o que todos esperavam. Se eu fiquei abalado com aquela situação, imagino o que carrega até hoje aquele bombeiro, um dos melhores com quem já trabalhei.

E quando aquele bombeiro soterrado me pediu isso, essa cena retornou imediatamente a minha cabeça e eu não tive dúvidas em afirmar para ele:

— Eu te prometo que vamos sair daqui juntos.

Essa resposta deu para ele e para mim a certeza que eu me esforçaria ao máximo e que aquela era uma promessa que em cumpriria. Naquele momento, criamos um laço de confiança.

Assim, depois de quase quatro horas de muita tensão, conseguimos resgatar aquele homem.

Uma semana depois fui transferido. Pode ter sido por não ter cumprido a lei e as regras ou até por ter realizado um ótimo trabalho. Nunca vou saber. Mas sei que fiz o que achava certo.

Algum tempo depois, aquele bombeiro conseguiu meu contato e me enviou uma mensagem de áudio. E, ao ouvi-la, fui surpreendido com a voz de um menino que agradecia por ter ajudado seu pai a voltar para casa.

Não posso dizer que essa foi uma missão mais importante por se tratar de um companheiro de farda, que estava naquela situação justamente por também estar tentando salvar outras vidas. Eu e ele sabemos que essa é nossa missão, independentemente do gênero, idade, raça, religião, classe social, profissão ou patente de quem está precisando de ajuda. Naquele dia, mais um pai, um esposo, um filho pôde voltar para sua família.

Normalmente os membros de um time de alta performance querem fazer parte de todas as missões. E quanto mais difíceis ou complexas forem essas missões, maior será seu interesse em participar. Isso explica em boa parte por que jogadores não gostam de ficar fora de confrontos clássicos no esporte. Para eles, quanto mais partidas houver com bons adversários, melhor. É claro que um bombeiro não torce para mais ocorrências, mais desastres. Torce para que esteja de plantão quando isso ocorrer, pois assim poderá estar lá para cumprir com excelência a sua missão.

Ainda sobre valores e moral, há algo que eu acredito ser fundamental para um profissional que deseja liderar uma equipe extraordinária: o bom senso.

Novamente esse é um conceito que pode variar de indivíduo para indivíduo, pois implica naquilo que também deve ser razoável para os outros e não apenas para si mesmo. Ao praticá-lo na medida permitida em cada situação, é possível estabelecer uma relação de maior confiança na equipe. Por exemplo, a regra de uma empresa pode decidir pelo seu funcionamento todos os dias, e a lei pode permitir que um trabalhador folgue apenas um domingo por mês. Mas o bom gesto de um líder estabelecer junto a sua equipe uma dinâmica que permita atender expectativas e necessidades, inclusive pessoais, combinando uma melhor carga horária para que possam realizar as tarefas e juntos cumpram aquela missão, trará resultados idênticos ou até mesmo superiores, independentemente da simples exigência para que a regra e a lei sejam cumpridas, baseando-se em uma visão já superável de uma relação rígida e distante entre empregado e empregador.

Isso reforça a não existência de uma fórmula única que possa ser aplicada a todos os casos de quaisquer empresas, mesmo que atuem no mesmo segmento, tenham o mesmo porte e estejam no mesmo momento. Um case de sucesso de uma empresa "x" não pode ser simplesmente replicado na empresa "y", pois há muitas variáveis, inclusive na forma de gestão e na cultura de cada uma delas, fatores que interferem na aplicação de seus valores e também da prática do bom senso sempre que necessário. Portanto, um bom líder deve colher muitas referências, positivas e negativas, mas também olhar e ouvir seus pares para tomar as melhores decisões para seu negócio, através do melhor para sua equipe.

Por isso, muitas vezes o caminho a ser percorrido para se cumprir uma missão pode parecer mais tortuoso ou demorado. Mas temos de ter em mente que mais importante do que dar um fim rápido para uma missão é a forma como conseguimos chegar até o fim desse caminho, e se os valores legais, éticos e morais também foram cumpridos. Muitas vezes, o chefe ou responsável pelo trabalho está mais preocupado em saber em quanto tempo ele pode ser realizado, sem se importar se as pessoas seguirão os valores fundamentais para que a missão seja cumprida com excelência. Infelizmente, algumas pessoas cumprem suas missões em tempo recorde, desrespeitando leis, quebrando regras ou pegando atalhos. Podem até alcançar o resultado final esperado, mas esse é o princípio de uma nova ordem que começa ali a ser criada, deturpando valores fundamentais que não poderão mais ser corrigidos e inspirando outras pessoas a fazer o mesmo.

Isso não quer dizer que não possam existir diferentes formas de se chegar a um mesmo lugar. Estou tratando aqui de valores fundamentais e inabaláveis, dos pilares que sustentam uma instituição. E ao derrubá-los, ou até mesmo apenas mudar uma característica de um deles, sabemos bem o que pode acontecer com toda a estrutura que foi criada. É assim que prédios desabam.

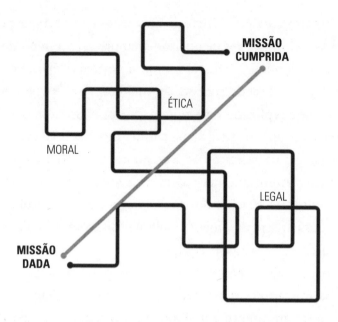

O gráfico mostra o quão longo pode ser o caminho. A missão de um time de alta performance não é apenas pegar o caminho mais rápido. É seguir o caminho certo, utilizando seus conhecimentos para que essa jornada seja o mais curta possível, sendo, acima de tudo, a mais correta. Para isso, a plena confiança entre os membros de uma equipe de operações especiais é fundamental.

Acredito que todos já ouviram falar no rapel. É aquela técnica bastante utilizada pelos bombeiros quando precisamos realizar um acesso por corda de um andar superior a um inferior. Existem três tipos de rapel possíveis: o rapel comandado, o rapel com segurança e o rapel sem segurança.

O rapel sem segurança é feito geralmente em abordagens de pessoas que estão tentando um autoextermínio, quando não é possível lançar a corda para um andar abaixo, pois o uso da técnica de rapel deve ser um elemento surpresa. Geralmente fazemos esse tipo de abordagem a uma altura máxima de 6 metros de diferença de um patamar a outro. Ou seja, imagine que tenhamos uma vítima querendo se jogar do 12º andar de um prédio. Então, nossa abordagem inicia-se mais ou menos dois andares acima, no 14º andar do edifício, pois não temos ninguém na segurança. Temos de pular no vazio, fazer a abordagem e cair para dentro do andar segurando o tentante (como chamamos aqueles que estão prestes a cometer suicídio). Não podemos inovar ou fazer nenhum movimento ousado, já que a segurança que temos é praticamente zero.

Já no rapel comandado, amarramos uma extremidade da corda na cadeirinha de segurança, e outro bombeiro faz nossa descida. Nesse caso, não precisamos nos preocupar com nada, temos as mãos livres para realizar qualquer ação, já que quem comanda o rapel é o outro bombeiro, que tem o controle da nossa vida nas mãos.

Por último, o rapel com segurança é uma abordagem em que um bombeiro está segurando a ponta de sua corda na parte de baixo. Nesse tipo de abordagem, temos mais liberdade de ação, podemos descer de cabeça para baixo, de frente – o chamado "rapel homem-aranha" – e realizar abordagens de várias maneiras.

Independentemente da técnica utilizada, nós poderíamos fazer, teoricamente, qualquer tipo de salvamento utilizando um desses tipos de rapel, só não fazemos isso porque nem sempre temos o fator confiança. Quando alguém segura a corda, você tem liberdade de ousar, de realizar salvamentos mais perigosos e arriscados.

Eu conto nos dedos de uma mão quantas vezes precisei que outro bombeiro, meu segurança, travasse minha corda por um problema que aconteceu durante uma ocorrência. Mas o fato de saber que tinha alguém segurando a corda me permitiu realizar diversos salvamentos complexos. É o que dá liberdade de ação para tentarmos fazer algo que não estava no *script*, mas que pode gerar um resultado melhor.

É esse tipo de segurança que precisamos dar ao time. Eles têm de saber que o seu líder os escolheu por confiança e que podem ousar em criar tarefas, até mesmo não previstas, para executar uma missão. Quando o gestor de uma equipe não confia nela, quando quer microgerenciar as tarefas, procurando interferir em cada detalhe, ele faz com que o time tenha medo de ousar ou até de fazer aquilo que precisa ser feito para a missão. Dar liberdade de ação para um time faz com que todos os seus integrantes se reinventem, mesmo que não tenham todas as habilidades necessárias para executar a missão. A confiança é essencial para realizar qualquer tarefa, ou pelo menos tentar.

> Em 2019, após longos meses trabalhando em Brumadinho, recebemos a solicitação para ajudar o Governo de Moçambique no resgate à população atingida pelo forte ciclone que devastou a cidade de Beira, no sul do país. Quando meu comandante perguntou se era possível cumprir aquela missão, eu disse que não sabia se seria possível, mas que eu sabia que a única maneira de cumprir seria escolhendo cada um dos membros da minha equipe. Eu sabia que tínhamos treinado bastante para qualquer tipo de desastre, eu sabia que tinha dedicado mais de dez anos da minha carreira para me preparar e preparar aqueles bombeiros para operações em desastres. Seria prepotência e arrogância dizer que eu tinha certeza de que tudo daria certo em uma missão que se passaria em outro continente, num país que fora devastado por um desastre natural enorme. Então, a única coisa de que eu tinha certeza era que aquela missão só poderia ser cumprida se eu escolhesse aqueles que segurariam a minha corda caso eu precisasse.

A minha responsabilidade como líder não é a de ser o melhor, mas sim me lembrar todos os dias que existem muitas pessoas melhores do que eu para cumprir as missões. E o que me fez chegar até onde cheguei foi aceitar as missões que ninguém queria, pois quando um bombeiro internaliza que não se trata dele, que não é sobre o seu ego, que é sobre fazer o correto, de maneira verdadeira, escolhendo os melhores para fazer cada parte do trabalho, ele entende para que serve um líder. Cumprir a missão no Corpo de Bombeiros não te dará um bônus em dinheiro, folga ou qualquer outro benefício além da sensação do dever cumprido. Diferentemente do mundo corporativo, não trabalhamos com bônus e prêmios para quem faz o trabalho da melhor maneira. Se você perguntar a qualquer bombeiro que acabou de ganhar uma medalha se, ao fazer determinada ação, ele estava pensando na medalha ou na missão, eu garanto que 100% deles afirmará que estava pensando única e exclusivamente em cumprir a missão e fazer o que é certo.

A minha responsabilidade como líder é tornar meu time melhor. E tornar meu time melhor é lhe dar as habilidades, os treinamentos e os materiais necessários para que possa fazer o seu melhor.

Os grandes líderes que conheço no Corpo de Bombeiros não são aqueles que ficam escolhendo sua missão ou operação, geralmente optando pela mais fácil. Eles simplesmente aceitam que alguém tem que cumprir aquela tarefa, por mais difícil que seja ou por mais perigosa que possa parecer. Alguém vai ter de fazer. Quando você está à frente de uma equipe, não tem o direito de descontar seu dia ruim neles, não tem o direito de mentir, de ludibriar, de oferecer algo que não possa cumprir ou de demonstrar fraqueza, pois os membros dessa equipe esperam que você saiba como tirá-los do problema. Ao lidar com missões em que a vida de pessoas depende de você, o que é necessário é falar a verdade e fazer com que sua equipe tenha o mesmo senso de responsabilidade.

Eu, particularmente, quando recebia uma missão difícil de ser cumprida, reunia todos do meu time, dizia qual era a missão e perguntava a eles:

– Agora quero que vocês me falem como vamos fazer isso.

Do mais novo ao mais antigo. E eu não me dava o direito de interferir, somente de perguntar algo que não estivesse claro. Isso fazia com que cada um ali entendesse que todos tinham participação no plano macro, que foi decidido pelo líder, mas construído por todos. Isso lhes dava senso de responsabilidade sobre a missão a ser cumprida e a motivação necessária para cumpri-la: "Eu ajudei a montar o plano para a missão". E isso só é possível quando se confia nas pessoas que estão ao seu lado, pois, independentemente da habilidade de cada um, todos estarão com um único objetivo.

Uma dica: nesse tipo de reunião, o líder deve ser o último a falar. Deixe que cada um fale o que pensa, pois caso o líder fale antes todos irão direcionar seus pensamentos para o que o líder quer que pensem. E nem sempre esse é o melhor caminho. Ser o último a falar é uma habilidade extremamente difícil, principalmente quando não se concorda com algo que é dito. Mas pode refletir em ideias que talvez o líder ainda não possuísse, o que pode ajudá-lo na tomada de decisões que antes não conseguiria enxergar se tivesse direcionado seu time de maneira diferente. Ser o último a falar é extremamente difícil, mas absolutamente eficaz para se tomar uma decisão complexa.

Liderança não é sobre líderes. É sobre conduzir um time ao cumprimento de uma missão. Melhor ainda será se você puder montar a sua equipe extraordinária.

Afinal, o que é uma equipe extraordinária?

É difícil definir, de modo geral, os atributos de uma equipe extraordinária, pois, afinal de contas, o bombeiro já é normalmente um profissional que realiza tarefas que outras pessoas não conseguiram resolver, e, por isso, provavelmente seremos as pessoas mais importantes no dia mais difícil da vida de alguém.

Mas há algumas premissas necessárias à existência de equipes extraordinárias:

> ### PREMISSAS DE UMA EQUIPE EXTRAORDINÁRIA
>
> - Ter um líder definido.
> - Ter metas quantificáveis.
> - Ter papéis bem distribuídos.
> - Partilhar os recursos.
> - Ter comunicação eficiente.

Vejamos, a seguir, um pouco mais sobre cada uma dessas premissas.

▸ Ter um líder definido

Lembrem-se: nem sempre o líder tem o cargo mais alto na hierarquia, mas se você quer uma equipe extraordinária, observe quem é o líder do grupo. Ou se você é realmente o líder, aquele que inspira, orienta, direciona e dá esperanças, e essa posição numa equipe extraordinária estiver bem definida, demovê-la poderá, muitas vezes, comprometer a missão.

▸ Ter metas quantificáveis

Os objetivos têm de ser quantificáveis, pois não é possível cumprir uma missão infinita. É preciso determinar as metas e os objetivos a serem alcançados. (Lembra-se dos **SMART Goals**?)

▸ Ter papéis bem distribuídos

Esqueça aquela história de que todo mundo faz tudo na equipe. É importante que, em uma equipe extraordinária, todos conheçam todos os processos, mas cada um deve ter seu papel bem definido. No meio militar, chamamos isso de equipe de operação especializada, pois cada um é especializado na sua área. Não é um serviço generalista, e sim um serviço específico, com técnicas aprimoradas.

▶ **Partilhar os recursos**

Independentemente do time, esse conceito é fundamental para que uma equipe saiba a importância de partilhar recursos para auxiliar seus companheiros no cumprimento de uma missão. No Curso de Operações em Desastres, os militares recebem um kit de alimentação e água coletivo, que devem partilhar. Veja, em momento algum falei em repartir em partes iguais, pois um bombeiro que pesa 100 quilos come e bebe muito mais água do que um que pesa 60 quilos, e esse conceito só é desenvolvido na dificuldade. As pessoas que trabalham em situações extraordinárias sabem disso, e cada um se modera nas suas necessidades, para que sempre haja sobra de recursos para emergências.

▶ **Ter comunicação eficiente**

Isso vai muito além de transmitir ordens claras. É preciso compreender com exatidão a intenção do comandante, do líder. As equipes devem ser capazes de compreender o que deve ser executado através de simples gestos ou olhares. Isso se obtém com um entrosamento criado através de treinamentos intensos e anos de convivência. Poucas palavras e muitas ações.

É assim que um grupo de pessoas comuns se transforma em uma equipe extraordinária, com um líder capaz de inspirá-la e levá-la a alcançar lugares aos quais não chegaria sozinha. Lembra-se da minha definição de líder lá no começo deste livro?

Conteúdo complementar

Teamwork – Center for the Army Profession and Leadership (CAPL)

Unsung Hero – Thai Life Insurance

La Liga – 42 Passions

CONVIDADOS

OSCAR SCHMIDT

Líder do esporte

Oscar, até agora eu não estou acreditando que vou falar com você. Estou superfeliz. Você foi um herói para mim na minha infância, ao te ver nas quadras. Um exemplo...
Léo, é uma honra falar com você. Nós torcemos muito pelos bombeiros brasileiros. Bombeiros são anjos. Quando alguém vê um bombeiro, diz: "Ainda bem que você chegou". Eu vi a tragédia que aconteceu nas Torres Gêmeas, em Nova York; olho para os bombeiros que sabiam que aquilo podia cair, mas eles estavam lá pelos outros. Vocês é que são heróis.

Obrigado por aceitar dividir um pouco de sua história e por inspirar as pessoas. Eu queria começar perguntando como foi o início da sua trajetória e o que te levou para o basquete. Você sempre gostou de basquete, ou foi mais sua característica física, da altura, que te levou para esse esporte, que virou sua profissão?
Eu não gostava de basquete. Gostava de futebol. Sou um brasileiro de verdade (risos). Em Brasília, o meu professor de educação física na escola era também o técnico do Clube Vizinhança. Um dia, ele me disse para aparecer no clube. Perguntei: "Que dia?", e ele me disse que era todo dia. Aí, eu gostei. O técnico da minha categoria fazia uns exercícios estranhos. Botava uma fileira de pedrinhas, que eu tinha de driblar, batendo a bola com uma mão e pegando as

pedras com a outra. Para um moleque desengonçado como eu era, aquilo era muito difícil. Depois, colocava umas cadeiras com umas cordas amarradas e eu tinha de passar por cima e por baixo, batendo a bola. Então, um dia, quando eu estava segurando a bola em frente ao rosto para arremessar, ele perguntou se eu estava vendo a cesta. Eu disse que não, claro. Precisava olhar para a bola. Aí ele levantou meu braço e disse para eu arremessar, sem ver a bola. E eu avisei que daquele jeito eu não acertaria nenhuma cesta. Então ele me falou uma frase, talvez a mais importante de minha carreira: "Começa certo, que um dia você vai acertar muitas". Era o Laurindo Miura. Ele quem despertou em mim o gosto por jogar basquete. Foi a partir disso que eu comecei a acreditar que aquilo era matemática, e que eu precisava meter a bola na cesta.

Mas quando você percebeu que a "brincadeira" do basquete poderia virar uma profissão?
Imediatamente. Com 13 anos, meu sonho já era jogar na seleção brasileira. E, com 15, eu joguei na seleção brasileira juvenil, num campeonato sul-americano, em Bahía Blanca, já como titular. Eu nem acreditava, porque me achava ruim pra caramba. E, com 16 anos, joguei duas partidas pela seleção adulta. Eu era uma criança. Estava tão nervoso, que não conseguia entender nada.

Você conheceu algum bom jogador de basquete que era "normal", ou seja, baixinho em comparação com outros jogadores de basquete, mas que conseguia se superar?
Sim. Havia, por exemplo, um jogador na seleção brasileira que, quando nosso time jogava contra a União Soviética, que tinha o Tkachenko, um jogador de mais de 2,20 metros de altura, a gente se perguntava como marcar aquele cara. E esse jogador, que não era tão alto como os outros, levantava do banco e dizia: "Dá ele pra mim". E o Tkachenko não via bola. Ele treinava para ser um bom marcador.

Você sempre treinou muito. Qual é a importância do treinamento para atingir uma alta performance? O quanto você acha que o treino determina o sucesso de um profissional no esporte e até em outras áreas?

As pessoas falam que eu sou o "Mão Santa", mas não tem nada disso. É "Mão Treinada"! É simples. A cesta é um buraco em que cabem até duas bolas. Então, se treinar, vai acertar. Eu sempre soube que eu tinha de treinar muito. Tive um técnico norte-americano, no Palmeiras, que ficava na saída do treino só para colocar a mão nas camisetas dos atletas para ver quem tinha suado. Então, virei titular (risos). A minha vida foi sempre assim. Tinha de render mais, senão iam me cortar. E o importante para isso é treinar, mas não apenas como a gente faz no esporte. Pode ser através da leitura, descobrir onde pode arriscar mais. A palestra é um treinamento. Não é pra ensinar a arremessar bolas. Cada um tem o seu desafio. Os vendedores têm os maiores desafios. Não é fácil atingir metas.

O basquete é um esporte coletivo. Você considera que, além de seu talento e esforço, o trabalho de equipe foi fundamental para suas conquistas na profissão?

Com certeza. A primeira regra de uma boa equipe é todo mundo saber o que está fazendo. Nós ganhamos muitas coisas além do Pan-Americano, mas essa conquista marcou uma geração. Naquela seleção, todo mundo sabia o que tinha de fazer. As bolas tinham de chegar pra mim ou para o Marcel. O Marcel foi o melhor jogador que eu vi jogar. Chutava todas, mesmo no meio do fuzuê. Quando ele me viu chegar, percebeu que, se jogasse igual a mim, o time não ia ganhar nada. Ele falava que era difícil jogar comigo, que eu era fominha. Aí, ao invés de ele ficar chutando todas também, resolveu começar a me passar uma bola, depois outra bola e mais outra. Então, tomou gosto em passar e virou o segundo armador dentro de quadra, e um dos caras que mais decidia jogos. E todo o time sabia disso.

Mas, para a gente ficar decidindo, precisava ter alguém para fazer a marcação. Para isso, a gente tinha o Israel, que pegava os rebotes. Tinha o Cadum, que também marcava, batendo em todo mundo. Aliás, eu sempre defendi o Cadum na seleção brasileira. Aí, um dia, eu fui jogar contra o Pinheiros, e lá vem o Cadum batendo em mim (risos). Eu falei pra ele: "Para ou perde a amizade. Vai marcar outro!". E ele era um cara tão legal que foi mesmo marcar outro (risos). E tinha outros bons jogadores no time, e todo mundo sabia o que tinha de fazer. Para isso serve uma liderança. O Marcel era o capitão do time, e eu sempre fui líder pelo exemplo. Eu sempre chegava antes do meu técnico e ia embora depois dele. Meu técnico nunca me viu chegar atrasado. Isso é dar o exemplo pra todo um time.

No basquete, o líder é o técnico ou o capitão do time? Qual é a diferença entre esses tipos de lideranças?
Em alguns lugares, muitas vezes, o líder não precisa ser definido, ele "brota". As pessoas sabem naturalmente quem é o líder. Em muitos times, eu fui líder pelo exemplo. Treinava muito, e as pessoas viam aquilo. Era difícil me ver sentado em algum lugar. O cara chegava, e eu estava treinando. Ia embora, eu ainda estava treinando. Em cada treino, eu fazia pelo menos 500 arremessos de 3 pontos. Pelo menos. A vida toda. Um dia eu decidi que só iria pra casa depois de acertar 20 cestas de 3 pontos seguidas. E tinha dias que eu não conseguia. Eu chegava na décima oitava e "tóim", errava. Começava outra vez: uma, duas, três... dezessete, "tóim". Ia tudo de novo. Um dia eu levei duas horas para conseguir. Mas também quando eu conseguia fazer a vigésima, eu continuava, até errar. Adivinha em quanto eu já parei?

Cinquenta?
Noventa! Com um companheiro de time passando bola pra mim, e o time inteiro do Flamengo sentado, falando baixinho pra não me desconcentrar. Essa não foi para o *Guinness* porque não teve registro.

E o líder pode errar?
Aquela geração dos Jogos Pan-Americanos também ganhou dois Sul-Americanos, duas Copas América, conseguiu duas classificações para as Olimpíadas e chegou a posições nunca alcançadas no Mundial e nas Olimpíadas. Essa geração merecia ter ganhado o Mundial e as Olimpíadas. E não ganhamos porque eu errei o último arremesso contra a União Soviética. Simples assim. O time fez tudo certo, botou a bola não minha mão, quando a gente perdia por dois pontos. Era minha a responsabilidade, mas eu não consegui acertar aquela cesta de três pontos. Um arremesso simples. Eu não me perdoo. Esse arremesso late na minha orelha todo dia. O Marcel brincava comigo: "Se você ficar errando o último arremesso, não vamos ganhar de ninguém". Todo dia eu penso nesse arremesso. Era a vez de o nosso time ganhar, e a gente não tem dez ou vinte chances para isso. Agora, se eu erro um arremesso e fico com aquilo na cabeça, imagino um bombeiro que não pode errar.

Eu posso te dizer que não sei quantas pessoas eu já salvei, mas sei exatamente quantas eu não pude salvar. No desastre de Mariana eram 19 vítimas, e nós pudemos encontrar 18. E essa única vítima não encontrada é aquela que me martela até hoje. Mas tem que superar. Três anos depois desse arremesso, aquela geração ganhou o Pan, que marcou a minha história e o Brasil. Os Estados Unidos eram os favoritos, mas, ali, entenderam que a gente havia aprendido a jogar. Depois do Pan, eu fui para a Europa. Quando cheguei, encontrei a maioria dos caras que jogavam contra a seleção brasileira. Eu já cheguei falando: "Aqui é um ponto por minuto. Me dá vinte minutos e eu te dou vinte pontos" (risos). Só não fui pra NBA porque assim não poderia mais jogar pela seleção brasileira. E seleção brasileira é diferente. No fundo, o brasileiro reconhece. Hoje eu dou palestras e mostro o vídeo do Pan, onde tem o começo do hino nacional. E muitas vezes, quando eu olho pra plateia, tem gente de pé, cantando o hino. E se o chefe se levanta antes, todo mundo se levanta também (risos). Isso me arrepia. Eu sempre fui muito patriota. E se você fizer o certo, vão reconhecer.

Em algumas profissões, a confiança de um profissional é até mais importante que sua habilidade. No esporte, também pode funcionar assim? Ou é uma profissão em que a habilidade é o principal?
Se não tiver confiança e habilidade, o time não joga. Muitas vezes, um cara tem o talento, mas joga pela estatística. É aquele que arremessa três vezes, erra e não arremessa mais. Esse não tem que jogar, porque vai prejudicar todo o time.

Além disso, qual outra característica você acha importante para se conquistar algo?
Você lembra quando o Ayrton Senna disse que falou com Deus? Eu falei com Deus. Falar com Deus não é conversar com Deus. É um momento de concentração extrema. Houve umas 20 vezes na minha carreira em que eu enxerguei o jogo em câmera lenta, mas *eu* não estava em câmera lenta. Não perdi em nenhum desses jogos. Eu estava concentrado de uma maneira que não dava pra perder. Isso é falar com Deus. E o Ayrton, lá dentro do carro, naquela velocidade, falava com Deus. E de todas as corridas em que ele falou com Deus, tenho certeza de que ele não perdeu nenhuma.

Eu sempre fui muito religioso. No meu primeiro livro, *Além da lama*, eu relato que não sabia quanto tempo eu tinha para resgatar aquelas pessoas. Então eu pegava o terço que minha mãe me deu e falava com Deus, pedia pra Ele me ajudar. E todas as vezes em que eu me conectei, isso aconteceu. Mesmo as pessoas dizendo que era impossível, eu dizia que ia dar tempo.
Bombeiro é brincadeira. No meio de um desastre, o cara diz que vai dar tempo... (risos). É um pouco parecido no basquete. Três segundos podem ser muito tempo.

Então vamos falar sobre o impossível.
O impossível não existe.

Então, o que aconteceu no intervalo do Pan-Americano de 1987? Os Estados Unidos eram os favoritos, estavam em casa e terminaram o primeiro tempo com uma boa vantagem. O que mudou naquele vestiário para que vocês fizessem o que muitos achavam impossível?
Um ano antes, a gente tinha feito a semifinal do Mundial com os Estados Unidos. Como eles não tinham um chutador, pensamos que deveríamos marcar uma zona para evitar que entrassem em nossa área. Então, aparece o Steve Kerr e mete seis bolas de três pontos, e a gente fica 26 pontos pra trás. Mas fomos nos acertando, recuperamos e ficamos a apenas uma bola de empatar. Tiramos quase 26 pontos daqueles caras! E esse dia ficou na nossa memória. E no Pan, quando a gente estava com 24 pontos de diferença, resgatamos aquele dia e mudamos nossa atitude. O Marcel costuma dizer que a gente estava preocupado em não perder de 50, e era isso mesmo que a gente estava pensando. Aí, na quadra, a gente começou a perceber que poderia dar certo. E começamos a desafiar: "Chuta agora! *Come on!*". E os caras não chutavam, ou, quando arremessavam, erravam. A gente pegava, ia lá e fazia. Mas uma das coisas mais marcantes daquele dia aconteceu depois do jogo. Antes de começar a partida, a gente ouvia todos ensaiarem o hino norte-americano um monte de vezes, mas ninguém ensaiava o nosso. Eles tinham certeza de qual hino tocariam no final. Então, quando ganhamos o jogo, falamos que só iríamos entrar se tocassem nosso hino. Sabe onde a organização foi buscar o hino? No campo de futebol. Lá, sim, estava previsto para tocar o hino do Brasil. Por isso, a premiação demorou quarenta minutos. Eles colocaram a introdução do nosso hino, que é longa, e começamos a cantar. Só que a gravação parou, e nós continuamos. Eles estavam tão despreparados que colocaram de novo a introdução

(risos). E mais. Para ir para o encerramento dos Jogos, a gente tinha de passar pelo meio de um shopping, e centenas de pessoas saíram para aplaudir a gente. Eu estou falando isso agora e ainda me arrepio. Era a casa deles, e o povo americano estava aplaudindo aqueles brasileiros. Foi incrível! Nós éramos os pequenos vencendo os grandes. O impossível não existe.

Sensacional! Quando embarcamos para Moçambique, em 2019, nosso sonho nos Bombeiros, pelo menos o meu, era uma missão internacional. Mas, antes de entrarmos no avião da Força Aérea Brasileira, os militares estavam todos tensos, pois não sabiam o que iriam encontrar lá, num outro país. Nesse momento, me lembrei de um filme que tem o basquete como tema. Se chama *Hoosiers*. Nessa história, o time vai enfrentar uma grande equipe na quadra do adversário, e eles estão todos nervosos. Então, o técnico pega uma trena, pede para alguns de seus atletas medirem o tamanho do garrafão e a altura da cesta e diz para seu time: "Sim, a quadra deles é do mesmo tamanho da nossa". Então, todos entenderam a mensagem de que aquilo era possível. E eu falei com os militares: "Lá é igual. Os problemas são os mesmos. As técnicas são as mesmas. Vamos até lá e vamos salvar pessoas!". Essa é a função do líder. Pegar um ensinamento, mesmo de um filme, e passar para seu time.

E nos últimos anos, mais distante das quadras, você também tem enfrentado alguns adversários na saúde. Como tem encarado e conquistado essas vitórias?
Esse tumor me fez perder o medo de morrer. Se Papai do Céu quiser me levar, me leva. Eu vivi uma época em que ninguém ganhava muito dinheiro. No Brasil, era pior ainda. Tive de ir para a Europa pra conseguir ganhar mais dinheiro. E eu só iria pra NBA se me deixassem jogar na seleção brasileira. As conquistas da nossa geração fizeram essa regra mudar, a partir de 1992. Vou ficar reclamando da minha vida? Claro

que não. Posso abrir minha cabeça quantas vezes forem necessárias. Eu não gosto muito de falar, porque isso não pode ser um drama. Não quero deixar as pessoas tristes. Também não quero que sintam pena. Quem tem que combater isso sou eu. A inspiração vem de Deus, mas o resto é comigo. Todo dia alguém pede um conselho sobre o que fazer ou pergunta como eu consigo me superar. Parece que virei consultor médico. Eu digo que a primeira coisa a se fazer é não ficar triste. E se você está com um grande problema, aproveite sua vida. A vida é só uma. Vá de ônibus para a praia, se sente na areia, faça castelinho com seu filho ou com sua esposa, deixe a água bater nos seus pés. Aproveite o que a vida tem de bom. O sol é lindo, a lua é linda, e são de graça. Isso faz tão bem, e muita gente não tem ideia. Assim, eu virei o líder da minha vida. Eu que marco meu próximo jogo.

Muito bom. Para terminar, no início da sua carreira, você teve um problema sério na perna. Como foi isso, como esse obstáculo te impactou e como você o superou?
Falaram que eu poderia não voltar a jogar. Aí, eu fiz aquilo no que eu era mais profissional: chorei pra cacete. Eu tinha 17 anos. Rompi os ligamentos do joelho, pensando que ia voltar a jogar na semana seguinte. Fui a um médico, e ele me disse aquilo. Ali mesmo eu chorei. Então, o clube me levou a outro médico, Dr. João De Vincenzo, que dizia ter mãos de raio-x e que me ajudou. Perdi um ano de carreira e pensei que não jogaria mais pela seleção, mas eu não desisti e decidi continuar. Não foi fácil, senti muita dor, mas venci. Por isso, também, repito que o impossível não existe.

Além dos médicos, alguém mais te ajudou nesse momento?
Sim. Eu morava numa república, em São Paulo. Ainda de muleta e gesso, eu pegava o mesmo ônibus que uma menina linda, e ela começou a me ajudar. Dizia que poderia carregar meus livros, e a gente ficava conversando no ônibus, dava risadas e, inevitavelmente,

começamos a namorar. Até que eu tirei o gesso e fui treinar, mas sozinho. E eu perguntei se ela não poderia ir lá pra conversar comigo, enquanto eu treinava. Ela foi, e começou a me passar bola. No primeiro dia, ela saiu de lá com o braço doendo. Mas depois de um mês do meu lado, passando bola pra mim, eu disse: "Vou casar com ela!". Eu e a Cristina nos casamos, tivemos dois filhos, e eu me tornei muito melhor. Minha mulher é parte disso. Ela nunca deixou a bola cair.

Eu digo que a minha esposa é a heroína. Ela é quem fica com os meninos, segurando firme e dando apoio, enquanto eu saio de casa para uma operação. Diz que me mata se eu não voltar vivo (risos).

E você dá risada ainda (risos). Parabéns pela sua profissão.

Obrigado a você pelo exemplo. E obrigado pela sua história.

A GENTE FAZ
AQUILO QUE TREINA
PARA FAZER

> Um dia, eu estava andando de carro com um amigo em Belo Horizonte, e chovia muito.
> Ao estacionar, saí do carro e comecei a olhar para o alto. Ele desceu, começou a olhar também e me perguntou:
> – Você agora é meteorologista? Tá vendo se vai continuar chovendo?
> – Não, ainda sou só bombeiro. Tô vendo se tem alguma árvore por perto e se algum galho pode cair em cima do meu carro.

Essa minha atitude espontânea, de verificar a possibilidade de um acidente naquele local, se deve ao fato de eu já ter participado de centenas de ocorrências com árvores que caíram sobre carros estacionados na rua em dias de chuva. E isso já se tornou um hábito para mim, assim como acontece quando entro num avião e a primeira coisa que observo é onde está escrito:

CUT HERE IN EMERGENCY
(Corte aqui em caso de emergência)

Aposto que quase ninguém repara nisso. Mas eu, sim, e acredito que muitos bombeiros e membros de equipes de resgate, também, pois isso faz parte de nossa rotina.

Na cabeça de qualquer pessoa, todos os processos são feitos para darem certo. O avião foi projetado para voar, o carro para andar e o estacionamento para estacionar. Mas, para os bombeiros, não. Somos contratados para pensar no que pode dar errado e saber como agir nesses casos. A partir disso, a mente fica condicionada a entrar em um bar ou restaurante e verificar instintivamente onde são as saídas de emergência, onde estão os extintores de incêndio e o que mais pode dar errado naquele local, mesmo quando estamos ali a passeio. Dessa maneira, antecipamos o imprevisto e prevemos os passos a tomar, de forma a aumentar nossa performance e a tranquilidade para desfrutar de um almoço tranquilo.

E como desenvolver isso?

Com treinamento. Temos uma máxima na nossa corporação: a gente faz aquilo que a gente treina para fazer. Assim, o treinamento deve ser algo prioritário para qualquer líder e para um bom trabalho em equipe. E quanto mais elaborado, intenso, real e frequente for esse treinamento, melhor será a performance de uma equipe.

O que é uma equipe de alta performance?

É aquela que busca o máximo de excelência em suas atividades, alcançando metas maiores, ainda inalcançadas ou extraordinárias. São os times que agem com maior precisão, que têm o menor desperdício de recursos e de energia entre seus membros, agindo bem próximo à perfeição do que foi planejado para atingir um objetivo.

O treinamento para uma equipe de alta performance é uma forma de melhorar as habilidades e também o entrosamento entre as pessoas. De estudar os ambientes e os desafios que serão encontrados na realidade, mas que nessa etapa podem ser realizados de forma simulada e controlada. Não é possível esperar que as reações dos bombeiros surjam no meio do caos, pois isso tornaria as tomadas de decisão muito arriscadas. Portanto, é preciso tentar reproduzi-la no ambiente controlado de um bom treinamento. Imagine se tivermos que esperar um incêndio acontecer, uma pessoa ser levada pela correnteza de um rio ou uma barragem de rejeitos romper para só nesses momentos dizer aos militares como apagar o fogo, arremessar uma boia ou procurar uma vítima na lama.

Claro que há momentos inusitados, e que cada ocorrência terá suas próprias características, mas é possível ensinar e aprender teorias e práticas que possibilitem que algumas etapas desse processo sejam encurtadas ou até mesmo evitadas.

Conforme já coloquei em relatos deste livro, o treinamento no meio militar é uma constante. Mas não apenas os treinamentos físicos: os técnicos são essenciais.

De acordo com o que temos trabalhado ao longo deste livro, esses conceitos podem ser aplicados a qualquer profissão, ajustando-se os conhecimentos e as técnicas a cada atividade, visando os objetivos almejados. O mais importante aqui é entender os conceitos daqueles que buscam habilitar integrantes para equipes de alta performance.

Para isso, apresento uma base desses conceitos, que chamo de **PILARES DO TREINAMENTO DE ALTA PERFORMANCE**.

**PILARES DO TREINAMENTO
DE ALTA PERFORMANCE**

PLANEJAMENTO ELABORADO
EXPERIÊNCIA REALISTA
EXECUÇÃO COM VARIÁVEIS
REPETIÇÃO DE PROCESSOS

PLANEJAMENTO ELABORADO

> No Curso de Operações em Desastres, realizamos exercícios simulados de grandes deslizamentos de terra, que geram como consequências pessoas soterradas.
>
> A partir da colocação desse desafio, informamos aos alunos o tipo de ocorrência, para que as medidas necessárias sejam determinadas. Entre as informações que os instrutores podem compartilhar, estão a causa do deslizamento, o tipo de estrutura soterrada, o número estimado de vítimas e o tempo que elas já passaram soterradas. Dessa forma, é possível determinar o melhor procedimento a se seguir.
>
> E quando informamos que naquela ocorrência simulada não há mais possibilidade de se resgatar sobreviventes, os alunos sabem que podem utilizar uma escavadeira para auxiliá-los no trabalho de remoção de grandes estruturas e volumes de terra, até encontrar algum sinal daquilo que procuram, retornando, assim, para o trabalho manual mais cuidadoso.
>
> Entretanto, não saem todos correndo para subir na escavadeira. Está previamente estipulado que apenas alguns alunos são responsáveis pela operação das máquinas escavadeiras. Todos sabem quem opera a máquina e onde ela deve ser empregada, mas os detalhes operacionais da escavadeira são restritos a alguns alunos.
>
> Fazemos isso para que esses militares mantenham o foco na sua responsabilidade. E assim incumbimos cada aluno de uma determinada responsabilidade. Todos funcionando como uma máquina única.

Qualquer treinamento deve começar com um bom planejamento, que significa estabelecer o objetivo, prever variáveis, definir tarefas a serem cumpridas e segmentá-las. Cada membro da equipe deve ter conhecimento do todo, mas não é necessário conhecer todos os detalhes.

Quando se fala de um planejamento de treinamento, a ideia é que funcione de maneira que qualquer pessoa olhe e entenda, de maneira rápida e simples, como deve ser realizado e o que se espera dele. Perceba que planejar um treinamento não quer dizer executá-lo. Portanto, o entendimento da explicação pode até ser fácil, mas a execução pode ter diferentes níveis de dificuldade, principalmente aqueles direcionados para as equipes de alta performance que, em tese, devem ser muito difíceis de serem completados.

Para isso, é indicado que se elabore um **PLANO DE AÇÃO**.

PLANO DE AÇÃO

- Seja muito claro quanto ao objetivo, de forma a esclarecer a intenção do treinamento.
- Verifique a viabilidade, ao identificar todos os recursos que tem à disposição e que possam ajudar na execução.
- Tente prever tudo o que pode dar errado, e, para cada uma das hipóteses, tenha um plano de contingência.
- Não se apresse para apresentar um plano, pois isso pode levar ao erro.
- Converse com a equipe que vai executar o plano e deixe claro os papéis e as responsabilidades, certificando-se de que todos tenham conhecimento do planejamento.

Exemplo de aplicação:

PLANO DE AÇÃO

O QUE	QUEM	QUANDO	ONDE	POR QUE	COMO	QUANTO
Construção de local para simulado de soterramento	Tenente André	Início 28/02	Pátio de manobras e obras da prefeitura municipal	Realização de exercício simulado	Retroescavadeira, bonecos manequins e entulhos de obra	R$ 5.000,00

PRAZO: 7 DIAS

> ■ **EXERCÍCIO**
>
> Escolha uma tarefa rotineira, mesmo que sem aplicação direta na atividade profissional que você desempenha, e peça aos participantes que apresentem um Plano de Ação para sua execução, respondendo os pontos mencionados anteriormente.

EXPERIÊNCIA REALISTA

Quase todos os dias pela manhã, de 8h00 às 12h00, realizamos no Corpo de Bombeiros o treinamento da tropa, por meio de corridas, atividades físicas funcionais, natação, entre outras, e dedicamos o máximo de tempo possível à parte técnica, como instruções de escoramento de estruturas colapsadas, treinamento de salvamento em incêndios e em altura, intervenção em áreas deslizadas e as mais diversas práticas que vocês podem imaginar. Mas nem sempre foi assim.

Quando eu me formei como oficial, ainda aspirante, que é uma espécie de período probatório, fui a uma ocorrência de deslizamento de terra em que um operário havia ficado soterrado e estava somente com a cabeça para o lado de fora e com muita dificuldade para respirar.

Eu nunca tinha comandando uma operação como aquela e, confesso, foi um caos. Uma correria enorme, vários militares gritavam uns com os outros, sem saber o que fazer ou por onde começar a retirar aquela pessoa da terra. Até que eu tive de exercer uma postura mais firme e aumentar o tom de voz:

– Seguinte, a partir de agora só eu falo!

O silêncio reinou. Consegui atrair a atenção toda para mim, mas a cara dos bombeiros não era das melhores. A partir daquele momento, com o que eu já sabia do meu curso básico, fui dando as instruções para os militares fazerem o que, na minha cabeça, era o certo.

E, graças a Deus e a essa postura um pouquinho mais enérgica, conseguimos retirar aquele senhor dali.

Mas aquilo me incomodou bastante. Na maioria das ocorrências, as coisas fluíam bem, sem gritaria e até com certa tranquilidade. Então, por que, daquela vez, os militares estavam mais agitados que o normal?

Ao refletir sobre aquele dia, pude notar que as ocorrências de soterramento com vítimas vivas não eram e nem são tão comuns e, por isso, deveria haver essa diferença significativa no atendimento, no ímpeto de ajudar e de resolver aquele problema. Então só havia uma solução para treinar para esse tipo de operação. Nesse caso, treinar com vítimas vivas. E foi isso que comecei a fazer.

Os bombeiros passaram a ser soterrados no treinamento. Eles precisavam sentir na pele e na mente o que as vítimas sentem. Era necessário reproduzir cada detalhe que seria imposto a eles em uma operação real. Poderíamos até dizer que essa é uma maneira de reproduzir todas as situações com as quais temos que lidar em nossa profissão, apesar de jamais conseguirmos reproduzir a dor da perda de um familiar. Então, vamos ao máximo da experiência e tentamos nos aproximar da dor física que uma vítima pode sentir, dependendo da situação e do local onde ela estiver.

Assim nasceu o Curso de Operações em Desastres, visando preparar o bombeiro não só fisicamente para missões que podem durar dias, mas principalmente para aproximá-lo do que ele sentirá em uma operação real. Ele só saberá qual será sua reação no frio quando sentir frio e estiver perto da hipotermia. Só saberá seu limite de sono quando ficar horas acordado para cumprir uma missão. Só conhecerá seu limite físico e mental para enfrentar uma situação extrema quando se colocar no lugar da vítima soterrada. Se pode haver chuva na operação real, haverá chuva no

> treinamento, mesmo que artificial. Se há a mínima possibilidade de não haver comida ou descanso numa situação real, é assim que iremos treinar. Se há gritos de parentes desesperados pelos seus entes queridos, instrutores ou militares da equipe farão esse papel para atormentar os alunos durante os exercícios.
>
> Esse lado emocional é potencializado pelo isolamento total entre o aluno e sua família. Eles ficam sem contato com o mundo externo para se manter focados em seu treinamento. Permanecem sem celular para contatos ou qualquer fator motivador que possa interferir na decisão de prosseguir ou desistir.
>
> É extremo, é pesado, mas essa é a realidade vivenciada nas operações. Lembrando ainda que os bombeiros são avisados previamente dessas condições e, mesmo assim, decidem se inscrever, a fim de se preparar para encarar possivelmente um dos maiores desafios de sua vida.

Agora imagine um treino de futebol. Um estádio vazio e um silêncio absoluto, que permite aos jogadores ouvirem com tranquilidade as instruções do técnico durante a atividade. O treinador pode estar dentro de campo junto aos jogadores, e não precisa orientar sua equipe da lateral, aos berros. Não há torcida rival, nem xingamentos ou pressão da própria torcida. Assim, titulares e reservas procuram adequar ações táticas e técnicas que serão utilizadas em um ambiente totalmente diferente daquele treinamento. Para isso servem as partidas amistosas, com adversários de nível equivalente, em estádios com presença de público. Assim funciona no futebol e em muitos outros esportes, até por não ser possível reproduzir em todos os treinos o ambiente de um estádio ou de um ginásio lotado. Mas os treinos que eu comando no Corpo de Bombeiros estão longe de serem assim. E, da mesma forma, muitas atividades profissionais permitem simular situações mais próximas da realidade.

Portanto, se o objetivo é que a equipe realize tarefas além dos limites imaginados, seu nível de preparo deve corresponder a essa expectativa. O treinamento visa à reprodução de ações desencadeadas no processo empresarial, mas deve focar principalmente nos sentimentos que serão despertados nas pessoas do time, simulando a experiência de um cliente ou de uma vítima, e como a equipe irá se portar diante dela. Além de orientar as ações e desenvolver habilidades que se esperam na realidade, o treinamento realista permite conhecer a forma como as pessoas devem reagir quando não estiverem naquele ambiente controlado, inclusive para determinar se são mesmo capazes de realizar determinadas missões, ainda mais quando estas forem extraordinárias.

■ EXERCÍCIO

Promova exercícios que reproduzam ao máximo a realidade de situações que poderão ser enfrentadas por sua equipe. Coloque as pessoas em diferentes posições, variando dentro da própria equipe, e também do lado dos clientes.

EXECUÇÃO COM VARIÁVEIS

Uma das atividades que eu gosto muito de aplicar no Curso de Operações em Desastres é a de escavação do cubo, na qual os alunos aprendem que eles podem realizar escavações sem escoramento a até 1,5 metros de profundidade.

A partir dessa premissa, dividimos o pelotão em 5 grupos, que têm de realizar uma escavação de 1,5 metros de profundidade por 1,5 metros de largura e 1,5 metros de comprimento.

É uma atividade extremamente extenuante, principalmente porque acontece de madrugada, a partir de 1 hora da manhã, e com todos os alunos molhados, famintos, com sono e sujos de lama. Devido ao cansaço físico e mental, a tendência é que comecem a fazer o serviço de qualquer jeito, já que não há uma vítima real no local. A instrução é "simplesmente" cavar.

Mas, após cerca de uma hora de escavações, nós ordenamos que os grupos troquem de buraco. Ou seja, o grupo 1, que cavava o buraco 1, tem que ir para o buraco 3; o grupo 2 vai para o buraco 4, e assim sucessivamente.

Assim, aqueles que haviam feito um bom trabalho muitas vezes precisam corrigir o trabalho mal feito de um outro grupo. Ou o contrário: alguém que fez um péssimo serviço acaba recebendo o serviço muito bem feito de um outro grupo.

Essa lição é carregada pelos alunos por toda a sua carreira, pois às vezes eles vão depender do trabalho bem feito de uma pessoa para realizar um salvamento incrível, e outras vezes terão de corrigir o serviço mal feito de outra pessoa, numa operação que pode envolver até mesmo a vida de um familiar, de um amigo ou colega de trabalho. Não é tão raro que os bombeiros se deparem com uma vítima conhecida durante um resgate real.

Em outra situação do curso, soterramos um boneco para simular a busca em um deslizamento e, junto a essa suposta vítima, colocamos um cano de 100 milímetros, bem próximo.

Então, se um bombeiro afobado e descuidado atingir aquele cano, vai começar a jogar água em todos eles e no local da intervenção. Assim, o que era para ser uma operação "simples" de um resgate de soterramento, agora tem um "imprevisto", com vários litros de água atrapalhando aquele militar, sua equipe e a vítima.

Por que fazemos isso? São coisas da vida de um bombeiro.

Mas o cano romper durante uma escavação é um imprevisto?

Quem nunca foi a um show em que, no meio da apresentação, o som falhou ou a luz apagou? Ou, mais simples, foi fazer uma compra e o estabelecimento não aceitava cartões, apenas dinheiro? Devemos estar sempre alertas, sabendo que imprevistos acontecem, e precisamos estar preparados de alguma forma para reagir a eles.

Imprevistos são previsíveis.

Essas situações acontecem na vida real, e, por isso, devemos estar preparados para tudo. O principal é lembrar que há coisas que podemos controlar e outras que fogem do nosso controle. E ao se perceber diante de uma situação dessas, é preciso lembrar do **PARE REZE** e do **MÉTODO F.O.D.A**.

Assim são os nossos treinamentos: totalmente imprevisíveis para os alunos. Eles têm uma definição clara da missão, mas o desenrolar da operação pode se tornar cheio de imprevistos. Nós já treinávamos todo tipo de intervenção possível, com materiais próprios para escoramento ou improvisados, com guarnição de militares completa ou reduzida, entre outras variáveis.

Uma das maiores admirações que tenho pelo trabalho do Corpo de Bombeiros de Minas Gerais, ou de qualquer outro lugar, é sua capacidade de improvisação. Isso se dá pelo fato de o ambiente em que trabalhamos estar sujeito a muitas alterações. Por exemplo, ao se retirar uma vítima de entre as ferragens de um veículo, de uma hora para outra o carro pode começar a pegar fogo, pois nele há combustível e material elétrico, além de elementos presentes no ambiente ou no resgate que podem gerar faíscas. É por isso que sempre deve haver por perto um bombeiro com uma mangueira pressurizada de prontidão. Portanto, a execução de um treinamento deve considerar os fatores adversos.

Por essa razão, comecei a estudar as metodologias de melhora de desempenho de equipes e como aumentar a performance dos militares.

Recordo que um dos livros sobre o treinamento dos SEALs descreve como eles desenvolvem o senso de tomada de decisão nos militares. Um saco preto era colocado sobre a cabeça deles por um tempo. E, quando esse saco era retirado, eles deveriam tomar uma decisão rápida para uma situação previamente criada pelos instrutores, fosse um resgate de refém, um homem armado com uma faca ou um local onde um sujeito aparecia pedindo alguma informação.

E decidi implementar isso nos nossos treinamentos.

> Durante algumas provas do Curso de Operação em Desastres, os militares são amarrados, dois a dois, pelas mãos, para que a partir daquele momento façam tudo juntos. Mas cada um só pode usar a mão que ficou livre, para qualquer que seja a tarefa. Algumas vezes, têm a boca tapada com uma fita adesiva, para que tenham de realizar o exercício de uma operação complexa de salvamento sem falar nada. Alguns militares, em funções específicas, têm os olhos vendados, para que possam desenvolver habilidades para trabalhar nesse tipo de situação. Os treinamentos são realizados no período noturno, sem qualquer iluminação, na chuva, de forma que esses profissionais consigam atuar em qualquer situação.
>
> Tempos depois de iniciarmos esses treinamentos, nos deparamos com uma ocorrência da queda de um muro de arrimo sobre dois funcionários de uma obra. Eles ainda estavam vivos, respondendo à equipe, mas não conseguíamos vê-los.
>
> Foi impressionante o que aconteceu ali. Os militares trabalharam em silêncio total, sem nenhuma gritaria, pois dependiam

da audição para se concentrar nas vítimas. Todos já sabiam bem suas funções, e eu também não precisei falar praticamente nada, apenas passei orientações quanto à segurança ou para mostrar os melhores locais para se realizar o escoramento.

Essa ocorrência durou mais de seis horas, mas transcorreu de maneira tão tranquila e organizada que pareceu terem se passado poucos minutos para aqueles bombeiros. E, certamente, pareceu ter durado uma vida inteira para aqueles dois homens, que, devido ao cuidado daqueles militares, puderam sair de lá e seguir sua vida.

Portanto, um treinamento que diminua as percepções dos alunos e crie novos problemas no decorrer da solução irá promover a melhoria do desempenho individual e do trabalho em equipe, além de poder se tornar uma atividade divertida, a depender do objetivo que se espera.

■ EXERCÍCIO

Durante uma tarefa do treinamento, retire dos participantes um dos seus sentidos naturais: a visão, a audição, a fala ou o tato. E peça para realizarem ações em duplas ou em grupos, devendo complementar as funções uns dos outros.

REPETIÇÃO DE PROCESSOS

Nas aulas de salvamento em altura do Curso de Operações em Desastres, temos uma tarefa que é, aparentemente, muito simples: fazer nós.

Não vou entrar em detalhes aqui, mas existem diferentes tipos de nós, e cada um tem uma função específica, principalmente em ocorrências de salvamento. É importante lembrar que, nessa atividade profissional, um nó mal realizado pode significar o fim trágico de uma missão. Um nó deve garantir uma relação de segurança entre dois ou mais seres humanos, além de sustentar estruturas para que alguém tenha uma chance de viver. Portanto, uma vítima ou até mesmo um companheiro de profissão precisará "confiar" totalmente em um nó feito por outra pessoa, para sair de uma situação de risco.

Por isso, nos treinamentos, fazemos com que os alunos repitam muitas, muitas e muitas vezes o nó, sob diversas condições e de diferentes maneiras, até que aquilo esteja tão "amarrado" em sua mente que suas mãos possam realizá-lo sozinhas, praticamente de olhos fechados, e, assim, liberando os outros sentidos e direcionando toda a atenção para outras necessidades daquele problema.

Muitas pessoas imaginam que, assim como fazer um nó parece uma tarefa banal, já que praticamente qualquer criança consegue amarrar os cadarços de seus próprios sapatos, não será isso que reprovará um militar em um curso dos Bombeiros. Mas eu já ouvi o sino bater e um aluno desistir por causa de um simples nó.

Nossa mente assimila melhor algo que é repetido para ela várias vezes.

Nosso aprendizado é uma folha em branco, que deve ser preenchida com determinados conhecimentos. O conhecimento é uma tinta vermelha e um pequeno pincel. Para preencher de cor a folha em branco, você deve pincelá-la com a tinta várias vezes, até que ela fique toda vermelha. Ou seja, para preencher o aprendizado, você deve repetir os processos de absorção dos conhecimentos. No treinamento de operações especiais, não só a repetição é importante, mas também o treinamento sob forte impacto emocional.

Imagine agora que, em vez do pincel, você mergulha sua mão em uma lata de tinta vermelha, retira ela de lá toda encharcada e dá um tapa bem forte nessa folha em branco. Ela pode até não ficar totalmente preenchida, mas a tinta irá se espalhar por boa parte dela e para outras folhas em branco ao seu redor. É assim que os treinamentos de operações especiais são realizados, sob forte impacto emocional, o que faz com que sejam intensamente assimilados e envolvam uma interdisciplinaridade com outras áreas de conhecimento, outras folhas em branco.

> ### ∎ EXERCÍCIO
>
> Escolha uma tarefa, mesmo que seja simples, e faça cada participante repeti-la muitas vezes. Após terem dominado sua realização, crie dificuldades, como a redução do tempo para execução, alteração da ordem ou, até mesmo, bloqueie um de seus sentidos (visão, audição, tato). E repita isso frequentemente, até que se torne um hábito.

É assim que funcionam os **PILARES DO TREINAMENTO DE ALTA PERFORMANCE**.

Quase nunca é possível ter a noção exata de como nosso trabalho acaba influenciando a vida de outras pessoas. Toda etapa de uma tarefa realizada impacta em outras ao seu redor, e assim por diante. Muitas vezes não conseguimos acompanhar essa cadeia, que pode ter partido daquele seu trabalho bem ou mal feito. Por isso, o planejamento é essencial. O desenvolvimento de exercícios deve ser adequado a cada atividade e a cada objetivo de qualquer equipe de alta performance. Ou seja, não é preciso vendar os olhos das pessoas ou fazer escavações na lama embaixo de chuva para conseguir o máximo de dedicação de uma equipe de vendas. Mas os pilares permanecem os mesmos.

Quanto mais realista for, melhor. As atividades realísticas desenvolvidas sob forte impacto e emoção fazem com que áreas do conhecimento afins se intercomuniquem, levando o conhecimento para outras áreas. Como visto, durante nossos treinamentos, o aluno é induzido à dor para que ele se acostume a ela. Nossa intenção não é ferir o aluno, e essa distinção é importante. A dor pode ser física, emocional ou até mental. Se o aluno já tiver conhecimento da dor, possivelmente se sentirá menos desconfortável e surpreso quando tiver de enfrentá-la numa situação real. Muitas vezes o aluno pode se sentir até mesmo humilhado e revoltado com algumas situações, porque nós precisamos desenvolver a raiva, a ansiedade, a revolta e outros sentimentos ruins que eles poderão enfrentar numa ocorrência real, onde não terão tempo para aprender a lidar com esse turbilhão de sentimentos. Ao saber antecipadamente como lidar com eles, saberão superá-los. Elevamos os limites físicos e psicológicos de maneira que os profissionais saibam que serão os únicos responsáveis por se controlar nas mais difíceis situações que irão enfrentar na vida.

O número de variáveis envolvido nos treinamentos deve ser o maior possível. A incerteza deve ser uma constante para os alunos, mas, após passar por vários momentos extremos, dificilmente os alunos irão atender uma ocorrência real com algo que ainda não tenham vivenciado anteriormente, de alguma forma. Partimos da premissa de que você não consegue gerenciar o que não conhece, mas o que você não conhece é o que pode acabar com você. Por isso, o verdadeiro líder deve treinar seu time de maneira que nada consiga abalá-lo, de modo que todas as variáveis possam ser previstas. Se você treina na chuva, no sol, de noite, com boa iluminação ou sem iluminação alguma, na hora da realidade, nada irá te abalar. O suor derramado em um treinamento poupa o sangue possível de ser derramado em uma operação.

E faça exercícios repetidamente, várias vezes, sob diversas condições, inclusive as tarefas mais corriqueiras, até que estas sejam realizadas sem desperdício de tempo, energia e foco.

Reforço que isso não vale apenas para as atividades de um bombeiro. É lógico que o extremo – a morte, neste caso – dificilmente será vivenciado em outras profissões, mas o líder de qualquer área deve conhecer as habilidades necessárias à sua atividade, de maneira que dificilmente será pego de surpresa, podendo até não ter vivenciado determinada situação, mas ter participado de um treinamento que pode ajudá-lo a superá-la. Alguns treinamentos de alta performance podem parecer absurdos para muitas pessoas, mas de uma coisa pode-se ter certeza: uma vida salva com o emprego de uma das técnicas treinadas vale todo o esforço anterior.

Quem pode participar de um Treinamento de Alta Performance?

Essa pergunta permeia todas as atividades que desenvolvemos nos Bombeiros, e é a partir dela que desenhamos nosso treinamento.

Acima de tudo, é preciso manter o foco na missão e a autodisciplina para cumprir metas. No caso do Corpo de Bombeiros, deve-se ter em mente que, em muitas situações, ele terá de colocar sua vida à disposição da missão de salvar uma vida, sem distinção de raça, cor, sexo ou qualquer outro fator.

Além disso, um bombeiro tem que saber trabalhar em equipe, e não pensar apenas em si. Por exemplo, ele deve ser capaz de dividir seus recursos, como alimento, água, abrigo e as necessidades mais básicas com seus companheiros, mesmo que seja alguém de quem ele não goste, pois estão ali juntos com um propósito muito bem definido.

Esse profissional deve saber lidar com situações que mudam constantemente e ter autoconfiança para encarar o desconhecido, sem depender de incentivos externos para completar uma tarefa ou missão, contando com uma resiliência mental muito forte, de maneira que nenhum fator externo o faça duvidar de sua capacidade.

E ainda, para um bombeiro, é necessário o que muitos imaginam que deva ser a característica mais importante: um bom condicionamento físico.

Dessa forma, o treinamento contribuirá para a descoberta ou o para o desenvolvimento de habilidades para melhorar o desempenho dessas pessoas que pretendem formar uma equipe de alta performance.

Reforço mais uma vez que não é preciso aplicar exatamente as técnicas de treinamentos militares ou esperar que todas as pessoas de uma equipe tenham as características exigidas para ser um bombeiro militar que atua em operações de desastre. Isso deve ser adaptado, como forma de se obter um melhor resultado conforme as características exigidas para cada atividade.

De forma mais ampla, descrevo a seguir algumas características que podem contribuir para alguém interessado em se tornar membro de uma equipe de alta performance, utilizando atributos que foram extraídos do livro *Mental Toughness*, do autor Lawrence Colebrooke.

ATRIBUTOS DA ALTA PERFORMANCE

1. Disciplina

Persistir na realização das tarefas impostas e tomar decisões, por si mesmo, de completar as missões que lhe forem atribuídas, sem hesitação ou atraso.

2. Trabalho em equipe

Trabalhar efetivamente em um ambiente de grupo, principalmente em grupos pequenos.

3. Estabilidade

Controlar emoções (medo, raiva, felicidade, frustação), a fim de permanecer eficaz e ser eficiente na conclusão de suas missões, principalmente em situações de pressão.

4. Confiabilidade

Demonstrar honestidade e integridade em todas as suas ações e palavras.

5. Responsabilidade

Ser capaz de seguir instruções, ter consciência e cuidado ao seguir as regras e restrições de segurança, ser responsável por si e por sua equipe.

6. Inteligência

Compreender e aplicar conceitos, reconhecer e analisar os componentes de um problema e desenvolver os planos de ação para solucioná-los.

7. Maturidade

Reconhecer e demonstrar o comportamento apropriado para qualquer situação.

8. Comunicação

Retransmitir informações essenciais e claras de maneira concisa e lógica para o cumprimento da missão.

9. Julgamento

Considerar todos os fatores conhecidos para realizar uma tomada de decisão lógica entre todas as alternativas para a solução.

10. Influência

Capacidade de persuadir membros da equipe para que alcancem objetivos comuns.

11. Decisão

Capacidade de executar um plano de ação de maneira firme, rápida com resultados positivos; estar certo de sua decisão e não mudá-la sem uma boa causa.

12. Pertencimento

Realizar tarefas de liderança, incluindo o desenvolvimento e a implementação de planos e a supervisão da equipe, de maneira a direcionar o foco de todos ao propósito do time e para o cumprimento da missão. Garantir a saúde e o bem-estar dos membros da equipe, de maneira que seus liderados se sintam parte do todo, acolhidos.

13. Higidez física

Apresentar níveis aceitáveis de treinamento físico para cumprir as tarefas e atividades físicas indicadas em cada programa específico, devendo possuir força muscular, resistência aeróbica e boa coordenação motora.

Esses atributos são os mais recorrentes entre aqueles enumerados por diversas forças de operações especiais. A depender da atividade, não é obrigatório ter todos, mas eles são requisitos importantes para as missões de alto risco, confusas, dinâmicas e que demandam o trabalho de uma equipe de alta performance.

Também vale destacar um tipo de aluno que o instrutor do treinamento de alta performance fica satisfeito por ter em qualquer curso, principalmente naquele que aplicamos a militares. Chamo esse aluno de "Primeiro eu, senhor". É aquela pessoa que quer aparecer para os instrutores, achando que assim vai obter uma admiração maior e até uma "suavizada" no decorrer do curso. Quando um instrutor está olhando, ele faz uma pose bonita para mostrar dedicação e coloca todo o seu empenho. Mas quando (acredita que) não há ninguém por perto, ele relaxa e começa a sugar a energia e a concentração dos companheiros.

Esse é o pior integrante de uma equipe, em qualquer ambiente, principalmente no de um time de alta performance. Esse aluno está ali apenas para uma conquista pessoal, para competir ou se mostrar para alguém, sem se conectar a outros princípios que vêm antes do seu próprio interesse, como o de espírito de equipe, de entendimento de que os indivíduos fazem parte de um todo e que ele está ali para se superar, ao fazer parte de um coletivo. O treinamento de alta performance ajudará a destacar esse perfil. E, se era atenção que tal membro queria, ele a terá dos instrutores, até o momento de sua desistência ou de uma mudança radical no seu comportamento.

Os instrutores ficam realmente chateados com o desligamento de um aluno, pois sabem que todos podem desenvolver suas habilidades mentais para se tornarem mais resilientes e fortes. Mas a primeira luta de um aluno é sempre individual, dele com ele mesmo.

Qual o limite num Treinamento de Alta Performance?

> No Curso de Operações em Desastres, tocar o sino significa desistir.
>
> É importante salientar que esse desligamento não ocorre por reprovação em um teste ou por eliminação em decorrência de alguma conduta (ou falta dela). Desistir decorre da vontade da própria pessoa de abandonar o objetivo maior de perseguir seu desenvolvimento e sua formação.

Durante nosso treinamento, é comum vermos alguns militares iniciarem o processo com uma alta motivação, mas, ao longo do tempo, tê-la gradativamente diminuída. Afinal, após uma semana com menos de duas horas de sono por dia, permanecendo molhado, sem comer e com dores musculares por todo o corpo, não é tão difícil entender a razão de a motivação desabar.

Por isso, enfatizo a importância da persistência, da disciplina e da constância de se quebrar as tarefas muito grandes em pequenos pedaços. Assim, em vez de pensar e se cobrar frequentemente sobre a necessidade de se formar no curso de operações especiais, o aluno passa a ter como foco a próxima refeição (mesmo que ela signifique comer só duas castanhas).

Os alunos tocam o sino porque se rendem aos pensamentos negativos de que não darão conta de mais um banho gelado ou porque acham que não suportam mais 1 quilômetro de corrida na madrugada. Muitas vezes eles se rendem às falas dos instrutores avisando que o dia seguinte será pior. Entretanto, ao conquistar mais um dia, começam a perceber que o dia seguinte também vai passar, e então terá sido um dia a menos de sofrimento.

O objetivo deve ser terminar aquele dia, pois, no dia seguinte, a missão será outra e, possivelmente, ainda mais difícil.

O único dia fácil
foi ontem.

Quando eu era aluno em um dos cursos que fiz no início de minha carreira no Corpo de Bombeiros, nós ficamos molhados a noite toda, realizando buscas em escombros, carregando vítimas – bonecos de mais de 100 quilos – utilizando manilhas

> apertadas, enquanto os instrutores faziam de tudo para que a pressão psicológica sobre nosso grupo fosse a maior possível.
>
> A certa altura, um instrutor perguntou a um dos alunos:
>
> – Você sabe onde está, nº 21?
>
> – Eu estou no inferno, senhor! – gritou em resposta, já com uma cara terrível de tormento.
>
> – Não, senhor 21! O inferno é algo imaginário, que está na sua cabeça. Aqui é muito pior que o inferno, porque aqui é real. Então, se você quer acabar com esse sofrimento, levante e bata o sino.
>
> Quando o instrutor mostrou ao aluno que aquilo ali era muito pior que sua imaginação, a mente dele trabalhou para dar fim àquilo imediatamente. O aluno levantou e tocou o sino.
>
> E o instrutor aproveitou aquilo e se voltou para os demais alunos:
>
> – Não iremos parar até pelo menos mais um aluno desistir!
>
> Pronto! Essa é a desculpa para que "em nome do grupo" aquele aluno faça um sacrifício, levante-se e bata o sino, acabando com o "sofrimento dos outros". Mas, na verdade, é o próprio sofrimento que ele quer encerrar. Seu sofrimento bem como sua missão de cumprir o curso.

Certa vez, conversei com um veterano dos SEALs chamado Clint Emerson. Ele me disse que comparava a vontade de desistir a um vírus. Quando o militar tem o primeiro pensamento negativo, ele acaba se infectando com o vírus, e, a partir daí, enxergará de maneira negativa todas as tarefas e provas, imaginando não ser capaz de suportar os desafios, focando, assim, no problema, e não na solução. (Lembra-se do **EPR,** na etapa da **Reflexão,** nas **Ferramentas da Decisão**?) Raramente esse profissional consegue se livrar dessa doença, pois esse tipo de pensamento se alastra mesmo como um vírus e pode até contaminar outros colegas. (Recorda-se do que falamos sobre o **cortisol**?) Quando o vírus da negatividade e da autopiedade toma conta da mente de um homem, ele diz para si mesmo que a única solução é desistir. E, então, bate o sino.

Portanto, o líder deve planejar com cuidado as características de sua atividade e direcionar seus treinamentos para que sejam os mais reais possíveis, pois os sentimentos envolvidos devem ser os mais próximos da realidade. Quanto mais incerto, mais imprevisível, mais variáveis poderão estar envolvidas e mais vezes se executará o treinamento, mais perto se chegará do resultado esperado. Um líder deve manter em seu grupo apenas as pessoas com foco claro na missão, que entendam o espírito de equipe e que estejam dispostas a se superar, apesar de todas as motivações contrárias que devem ser geradas num treinamento intenso e que levariam qualquer "pessoa normal" a bater o sino. Se, ao final disso tudo, sobrar alguém, essa pessoa é quem deve integrar uma equipe de Alta Performance.

A vontade de se preparar deve ser maior que a vontade de vencer.
(Bob Knight)

Conteúdo complementar

Os treinamentos militares mais curiosos do mundo – *Diário do Curioso*

Karate Kid – Jacket On – Movieclips

CONVIDADOS

JOSÉ FELIPE CARNEIRO

Líder empreendedor

Hoje eu consigo enxergar e entender que um ego inflado é o maior inimigo de um bom líder. Gostaria de ter aprendido isso ainda mais novo, pois as coisas teriam sido mais fáceis.

Agora, posso dizer que consegui diluir meu ego e dividir os méritos com pessoas melhores que eu, no caso, os líderes das minhas equipes e seus futuros líderes, que podem estar no chão de fábrica ou arrumando gôndola num supermercado distante.

Junto com minha família, tenho operações de varejo e indústria. Além de no Brasil e nos Estados Unidos, já vendemos diretamente em quase 30 países diferentes, e a cada dia que passa percebo que é bom demais ser o mais burro da mesa.

A ausência de ego é o despertar da consciência do coletivo. Ninguém faz nada sozinho, ninguém mesmo. Quando percebemos que somos melhores unidos, podemos potencializar os objetivos que sonhamos.

Aos 20 e poucos anos, eu era o cervejeiro responsável da Wäls, cervejaria fundada pela minha família em 1999, e cujo controle vendemos, em 2015, para nos tornarmos sócios da Ambev, a maior cervejaria do planeta. Até então, éramos a cervejaria mais premiada do Brasil. Eu me sentia "o cara". Tinha absoluta certeza disso, me diziam isso. Uma vez no jornal *Estado de São Paulo* a reportagem intitulada "Mestre dos Mestres" trazia a minha foto como ilustração.

Um dia, meu irmão, Tiago Carneiro, me chamou para conversar e disse que, com minhas viagens frequentes, eu estava muito ausente, e que precisávamos de alguém para tocar a produção da cervejaria no dia a dia. Junto a essa frase, ele complementou que conhecia uma pessoa muito capacitada, que havia estudado Engenharia Química com ele, chamado Christian Brandt. Ao fim da sentença, ele completou que talvez o Chris fosse mais capacitado que eu.

Eu ri, me revoltei e não aceitei. Disse que ele tinha enlouquecido. Como poderia ele, meu irmão e sócio, dizer que queria colocar alguém no lugar que eu entendia como meu?

Como podem imaginar, o Chris entrou para o time, fez um trabalho espetacular, e a nossa cervejaria se tornou a melhor e mais premiada do mundo. E não era ele, não era eu, era o time. Era o complemento de cada talento dos meus familiares de sangue com as habilidades de cada membro da equipe. Cada um responsável por cuidar da sua área, com objetivos bem claros de liderança e, acima de tudo, sentimento de dono. Depois veio o Canabrava, depois o Roberto, já existia o Gumercindo, o Leandro, antes tinha sido o Tácilo. Depois veio Célio, o Juan, o Alberto, a Luisa, a Elisa, a Laura e a Sybilla... Eu poderia dizer aqui um tanto de nomes que fizeram parte da jornada das cervejarias com que me envolvi diretamente, seja na Wäls, na Bohemia, na Novo Brazil, seja na Ambev. Foram muitas as oportunidades de aprender que o ego elevado nos impede de enxergar os méritos de um time. Hoje, vejo com clareza e muita serenidade que ser o mais burro da mesa é o que realmente me traz grandes conquistas.

Se eu puder te dar um conselho, te digo para escolher pessoas melhores que você para se relacionar. Eu aprendi a ser assim, tenho a sorte de ter sócios mais capacitados, equipes mais preparadas e colegas de profissão ainda mais incríveis do que eu poderia ser. Eu escolho os melhores todos os dias, assim posso aumentar a minha média de conhecimentos, de boas atitudes e de conquistas.

O MAIOR INIMIGO
DO LÍDER

Como já relatei aqui, quando decidi escrever este livro, me dediquei a conversar com algumas pessoas e a ler sobre muitas histórias reais. Eu queria entender como os maiores líderes agiam diante de situações extremas, como treinavam suas equipes, como escolhiam seus times, pensavam e agiam. A partir disso, tive a intenção de trazer exemplos da minha realidade que pudessem ser aplicados no mundo corporativo e, assim, quem sabe, melhorar as situações próprias do ambiente das empresas.

Mas alguns dos fatores que também deveriam ser tratados num livro sobre liderança se referem a alguns erros cometidos pelos líderes. Isto é, algumas características que eram recorrentes e que muitas vezes destruíam uma equipe ou acabavam com uma missão.

Como comentei, nessas pesquisas conversei com grandes militares do SEALs, da marinha americana. Então, pude verificar que havia algo recorrente e que é um inimigo altamente destrutivo para um líder e sua missão.

Portanto, neste capítulo vou me abster de falar sobre minhas experiências pessoais para citar exemplos que ouvi desses bravos guerreiros, mudando nomes e circunstâncias para não expô-los.

Um membro do SEALs, que vou chamar de tenente Lenny Will, fazia parte de uma equipe formada havia cerca de cinco anos. Juntos, já haviam enfrentado diversas situações de combate, incluindo algumas que o tornaram uma sumidade em uma técnica específica, o *face to face*, ou combate cara a cara, como gostavam de chamar.

A montagem da equipe para um combate desse tipo foi idealizada por ele diante de várias situações que enfrentavam no Iraque, onde o combate tradicional de ações não funcionava, devido ao tipo de missão que envolvia o adentramento tático em edificações estreitas e desconhecidas pelos americanos.

Diante disso, ele resolveu recrutar um bando de "malucos" que tinham o mesmo ideal e assim criar uma modalidade de treinamento e combate muito diferente do que era comumente ensinado na academia militar.

Os resultados dos treinamentos se mostraram eficientes após uma missão no Afeganistão, na qual eles tinham de libertar 19 reféns americanos que estavam em poder do Talibã, um movimento fundamentalista islâmico. Nessa missão específica, eles e um grupo de Rangers, membros da elite do exército americano, deveriam realizar uma atuação conjunta de maneira a regatar os 19 presos.

Para o tenente Will, era óbvio que as técnicas desenvolvidas por eles e seus militares, de combate *face to face*, seriam as melhores a serem utilizadas naquela situação, que em muito se assemelhava com o que eles já haviam realizado diversas vezes em outras missões.

Ocorre que o chefe da equipe Ranger era um capitão de maior graduação que não concordava com o risco envolvido na técnica de combate *face to face* e preferia utilizar sua equipe. Assim, havia um problema a ser superado, já que as equipes, por serem de locais e armas diferentes, não poderiam ser equipes mistas, cada um teria de atuar de acordo com sua doutrina para cumprir a mesma missão.

No dia D, o dia da missão, ambas as equipes foram enviadas a uma casa que funcionava como o cativeiro, e, em uma ação orquestrada, houve a invasão do local. Os cativeiros foram divididos em três áreas, de maneira que a equipe do tenente Will, que era maior, ficaria responsável pela extração dos reféns em dois locais, e a equipe do capitão da equipe Ranger ficaria com a extração em um dos locais.

Mesmo sem concordar com a técnica de combate *face to face*, como as ações eram independentes, o tenente Will teve liberdade de executá-la. Resumo da ópera, resgatou 13 reféns vivos. Em seguida, embarcaram em um Chinook, aeronave do exército, em direção à base, e, assim que pousaram, viram a equipe Ranger de cabeça baixa, com 5 reféns vivos e um morto.

O capitão dos Rangers, descontrolado, foi em direção ao tenente Will com o dedo em riste, acusando-o de ser culpado por aquela morte, já que tinha precisado utilizar explosivos para adentrar uma parte do cativeiro, o que fez com que um dos soldados do Talibã matasse seu homem.

Segundo o relato do tenente Will, naquele momento ele fechou a mão para dar um soco na cara do capitão, mas tudo que pregava sobre hierarquia e disciplina o impedia de fazer o que ele mais queria naquele momento, principalmente na frente das tropas que observavam aquela cena lamentável de descontrole do capitão.

No dia seguinte, os militares da equipe Ranger procuraram o tenente Will, pedindo desculpas pelo descontrole do seu comandante e elogiando a calma que ele manteve diante de uma situação como aquela.

Três anos se passaram, e se iniciava um curso de treinamento, o BUDs (Basic Underwater Demolition), um dos cursos mais difíceis que havia nos SEALs, sendo que o tenente Will era o coordenador. E para a sua surpresa e a de muitos, quem estava lá para participar do curso era justamente aquele capitão da equipe Ranger. Rezava a lenda que ele estava fazendo aquele curso para conseguir uma vaga nos SEALs, além de uma promoção. Mas, no curso, ele perde seu nome e sua patente, passando a ser identificado simplesmente por um número. No seu caso, como aluno 481.

O grupo de instrutores, que era composto pela equipe do tenente Will, estava com sangue nos olhos para "descontar" aquela humilhação que seu tenente havia passado, diante de toda a sua equipe, e que até agora não havia sido digerida.

Então, o tenente Will disse aos instrutores:

– Minha orientação será clara. O tratamento ao capitão não deve ser mais difícil, nem mais fácil que o dos outros. Sabemos por que ele está aqui e sabemos também que no BUDs os instrutores podem excluir quem quiserem. Mas não admito que façam nesse curso o que o capitão fez comigo naquela missão. O tempo e a paciência são armas poderosas, rapazes. Se ele se formar, o mérito será dele. Será apenas ele contra ele mesmo.

Passados três duros meses de curso, o aluno 481 se formou e veio a se tornar o chefe da divisão do tenente Will.

Por mais que o tenente Will se esforçasse, a relação dos dois era extremamente delicada, pois o agora chefe da divisão interferia diretamente em todo o trabalho, dando ordens para as equipes sem comunicá-lo sobre o que estava acontecendo. Muitas vezes o tenente Will precisava cumprir treinamentos e missões diversas com sua tropa, mas descobria que seus militares haviam sido escalados em outras tarefas pelo chefe da divisão. Quando havia necessidade de cumprimento de uma missão por parte do tenente Will, o chefe da divisão detalhava tudo o que ele deveria fazer, não lhe dando qualquer liberdade de ação, o que começou a deixar o tenente enfurecido.

Certo dia, toda a equipe foi chamada para cumprir uma das maiores, senão a maior missão de suas carreiras, chamada Asas de Fogo. O objetivo dessa missão era capturar ou matar Ahmad Shah, um dos líderes talibãs.

O tenente Will sabia que aquela missão seria dele, pois nenhum time era tão bem treinado quanto o dele. Ocorre que, ao ser chamado para a missão, o seu chefe de divisão lhe comunicou que iria no seu lugar.

Aquilo levou o tenente Will à loucura. Ele não sabia mais o que fazer, pois já tinha todos os planos elaborados em sua mente, sabia que o combate *face to face* seria essencial naquela ocasião e que ninguém nunca havia treinado tanto quanto ele, ainda mais para uma situação como aquela.

O chefe da divisão chegou a procurar o tenente Will a respeito da missão, dizendo que era um sonho dele participar de uma operação como aquela. O tenente se calou e simplesmente ouviu o que o homem tinha a dizer, mesmo diante de uma das maiores missões que deveriam enfrentar em suas carreiras. Ele observava, atônito, a escolha e os planos para a equipe. Como seu chefe de divisão não confiava em todos, ele misturou membros da equipe SEALs e da equipe Ranger, mais uma vez.

Então, apenas dois dias antes do sinal verde, uma ordem superior do comandante da base determinou que o tenente Will integrasse aquela equipe.

Diante daquela situação, o tenente Will tentou ajustar a equipe, escolhendo os melhores militares, na visão dele, para a incursão. Depois de muitas discussões, ele conseguiu fazer algumas mudanças, mas nada impediu que o chefe de divisão levasse alguns membros, como um explosivista que nunca tinha estado em uma missão como aquela, mas que era um homem próximo e de sua confiança.

Chegado o dia da ação, as equipes foram embarcadas e despachadas para o local da missão. Assim que começou o confronto, o tenente Will observou que o seu chefe de divisão e o explosivista ficaram paralisados diante do combate. Eles simplesmente congelaram, até saírem correndo para se abrigar atrás de um pequeno carro durante uma intensa troca de tiros. O tenente Will deixou dois de seus militares protegendo o chefe da divisão e o explosivista atrás do carro e seguiu no cumprimento da missão.

Dez minutos depois, a equipe retornava de dentro da casa com o corpo do líder talibã. O tenente Will fez um sinal para reunir a equipe e embarcar na aeronave para regressar à base.

Chegando lá, o tenente Will conferiu mais uma vez a sua equipe de 18 militares, além dos dois amedrontados, que foram imediatamente ao comandante prestar a continência de missão cumprida. Enquanto isso, os militares foram dispensados e convocados a se apresentar no dia seguinte, pois o presidente americano gostaria de agradecê-los.

Na manhã seguinte, uma cerimônia simples foi preparada com cadeiras de plástico, uma bandeira dos Estados Unidos ao fundo e um pequeno púlpito, onde estaria o presidente. E, às 10 horas, teve início um pequeno discurso de agradecimento para a equipe especial que derrotou um dos maiores inimigos do país. E, logo após o discurso, o presidente chamou o chefe de divisão para condecorá-lo pela bravura na execução daquela missão.

Uma enorme sensação de mal-estar tomou conta dos militares presentes, que não aceitavam o prêmio para um falso líder, que ainda posava como o grande responsável pelos feitos heroicos daquela missão. Quando os SEALs se reuniram na sala de descanso, um dos sargentos não aguentou e se dirigiu ao tenente Will:

— Não é possível que o senhor não vai falar nada e vai permitir que aquele homem fique com todo o mérito.

O silêncio reinou na sala dos SEALs.

O tenente Will percebeu que, naquele momento, tinha ganhado o maior de todos os reconhecimentos possíveis, e lembrou-se das palavras do seu instrutor do BUDs:

— Alguns de vocês irão se magoar durante o curso e durante as suas carreiras. Isso é o seu orgulho se manifestando. Eu não dou a mínima para as suas mágoas. Este treinamento é feito para te magoar, assim como a vida fará.

O tenente Will percebeu que não precisava do reconhecimento de ninguém acima dele, uma vez que já o tinha de seus companheiros de combate. Então ele disse apenas:

— É impressionante o que podemos fazer quando não nos importamos com quem vai levar o crédito.

Era possível ouvir cada um dos seus combatentes "engolir a seco". E ele continuou:

– Essa não é uma missão minha. Essa é uma missão do país que defendo. O ego é o maior inimigo de um bom líder. O ego é o maior inimigo para o sucesso de uma operação. Não quero que vocês respondam, mas que reflitam sobre isso: se a próxima missão fosse atravessar o inferno, quem vocês escolheriam para estar ao seu lado?

Mais uma vez, silêncio. Mas, agora, o clima passava a ser de compreensão e de orgulho. E o tenente Will finalizou:

– Quando me colocaram nessa missão, eu tinha claramente em mente quem eu queria que estivesse do meu lado. E hoje estou falando com eles cara a cara. Eu escolhi como líder não um homem, mas sim a Deus, para que me guiasse na missão mais difícil das nossas vidas.

***

Ao conversar com esse veterano de guerra, percebi quantas vezes falhamos ao colocar o ego acima da missão e das pessoas da nossa equipe. Aprendi a duras penas que, para toda missão que dá certo, há sempre um responsável. Mas não são todos os comandantes que querem assumir a responsabilidade de uma derrota, principalmente aqueles que não são líderes, e que vivem apenas de seu ego.

Mas o que se deve entender por ego?

Para responder essa pergunta, provavelmente teríamos que recorrer aos vários livros que Sigmund Freud, o famoso psicanalista, escreveu sobre essa importante palavra de apenas três letras. Mas tentando resumir, e provavelmente correndo o risco de fazer Freud se revirar no túmulo, eu diria que ego é o "eu de cada um".

Ou seja, é aquilo que caracteriza a personalidade de cada indivíduo, seu nível de vaidade, de humildade, de compaixão de orgulho, o que forma cada indivíduo e o torna único.

Seja **único** sabendo ser **igual**.

O ego de um verdadeiro líder não pode ser maior que o ideal que defende. Muitos grandes líderes – se assim podemos chamá-los – que perderam batalhas ou guerras, perderam por se acharem maiores que a causa, por personificarem um ideal e se colocarem acima disso tudo. Hitler, Lenin e Xerxes tornaram seus egos maiores que suas causas.

Portanto, não deixe que o ego tome conta das suas decisões. Coloque sua missão acima dele. Não se importe com o nome que será colocado na placa. Não se importe com quem deve receber a medalha do presidente. Só assim sua missão será bem-sucedida, e só assim haverá uma medalha a ser entregue a alguém.

Conteúdo complementar

"O que fazer com o ego?"
Monja Coen – MOVA

"Só pessoas éticas têm amigos" –
Leandro Karnal – Saber Filosófico

ALGUNS MANDAMENTOS

Uma das missões mais complexas que vivenciei na minha carreira não está entre as ocorrências mais notórias, como os rompimentos de barragens em Mariana e Brumadinho ou os ciclones em Moçambique. Foi uma operação em uma cidade no interior de Minas Gerais, chamada Sardoá, em dezembro de 2013.

Nessa cidade, aconteceu um grande deslizamento de terra, e havia uma família inteira soterrada. Fomos acionados poucas horas depois do ocorrido e nos deslocamos imediatamente via terrestre, uma vez que a chuva estava muito forte, e não havia qualquer possibilidade de deslocamento aéreo.

Chegando ao local, o oficial no comando me disse:

— Farah, retiramos todas as pessoas que pudemos de lá. Infelizmente são 5 vítimas fatais e há mais uma criança ainda lá dentro. Mas está muito perigoso. Houve outro deslizamento de terra agora e quase engoliu todos.

Eu olhava para os militares da operação, e eles estavam com uma cara de alguém que passara por um grande susto, com uma expressão a que chamamos de "olhos de Mônica" — aqueles bem abertos, como os da personagem forte e corajosa da Turma da Mônica.

Logo percebi que a situação não era das melhores. Era um ponto isolado da cidade, onde duas casas haviam sido totalmente destruídas e o barranco à frente estava prestes a deslizar. No local ainda havia um menino de 10 anos a ser resgatado, e seu pai estava ao nosso lado, aguardando ansiosamente que retomássemos as buscas. Mas já era noite, e a falta de luminosidade prejudicaria muito os trabalhos de intervenção.

Então realizamos uma técnica denominada "Chamado e escuta", que consiste em gritar pela pessoa desaparecida, pedindo a ela que, se estiver ouvindo, grite ou faça algum barulho. Assim, sabemos se há chance de vida numa operação como essa, além de termos um direcionamento para a busca de nossas equipes.

– Atenção! Silêncio total! Aqui é a equipe de Busca e Salvamento do Corpo de Bombeiros. Se você estiver nos ouvindo, grite ou faça algum barulho.

Infelizmente, não obtivemos nenhuma resposta.

Uma coisa que aprendi ao longo dos meus anos como bombeiro é que, por mais que as técnicas e os conhecimentos nos digam que a chance de uma pessoa estar viva numa situação como essa seja de apenas 1%, para qualquer familiar, a expectativa de encontrar um parente com vida é de 100%, até que a vítima seja encontrada, infelizmente, sem vida. Nesse momento, quando uma decisão é tomada com uma extrema carga emocional, no lugar de uma decisão racional, é que a maioria dos erros podem ser cometidos pelos mais brilhantes comandantes.

Eu não podia colocar meus militares para realizar uma busca num lugar tão perigoso, com risco de soterrar a nós mesmos. Uma situação é trabalhar num local extremamente perigoso, mas com a certeza de que há uma vida a ser salva. Outra coisa é colocar seu pessoal para realizar buscas, sabendo que a possibilidade de haver vida é mínima ou nula. Aqui é preciso fazer uma avaliação do "risco x benefício" de uma operação para tomar uma das decisões mais difíceis nessas situações, principalmente quando um pai está ao seu lado, acreditando que há chances de encontrar seu filho ainda vivo.

Nesse dia, levei comigo um aspirante, chamado João Gustavo. Ele estava em seu período probatório e, como dizemos, com sangue nos olhos para começar a trabalhar. Mas eu o adverti que dosasse sua euforia:

— "John", nós vamos esperar até amanhã. Está muito perigoso.

— Mas, tenente, o pai está aqui do lado. Tem menos de dez horas. Ainda tem chance.

Eu ainda era tenente na época. E eu até concordava com o que ele dizia, mas a avaliação daquela operação deveria ser maior que o nosso coração. Isso quer dizer que deveríamos agir racionalmente.

— Eu sei disso, John. Mas vamos esperar até amanhã, dado o risco. Vai lá e fala com o pai do menino que vamos iniciar amanhã nas primeiras horas.

— Quê? Eu, falar?

— Sim! Você!

— Mas o que eu vou falar com ele? Como assim, tenente? O que eu falo para um pai, que está com o filho debaixo da terra?

— Fala pra ele o que você gostaria de ouvir se tivesse no lugar dele.

Até hoje eu não sei o que o João falou para aquele pai. Dei as costas e fui procurar um local para abrigar minha tropa, pois o dia seguinte seria muito difícil. Sei que o deixei com aquele senhor, que usava um guarda-chuva amarelo, todo torto, que mal o protegia da chuva. E sei também que, se ele seguiu o que eu falei, com certeza encontrou as palavras certas.

Fui procurar um local onde pudéssemos passar a noite. Para minha surpresa, a estrada havia sido bloqueada, e não conseguiríamos voltar para a cidade. Imprevisto. Mas previsível naquelas condições. Então, vi um alpendre de uma casa que havia sido parcialmente atingida, onde estava uma senhora de aproximadamente 80 anos de idade.

— Boa noite, senhora. Meu nome é tenente Farah. Eu sou o responsável pelas ações de buscas do garoto.

— Boa noite, meu filho — ela me respondeu com a calma e o sotaque típico do mineiro.

— Senhora, a estrada está bloqueada e eu não consigo voltar com minha equipe para a cidade. A senhora se importa se ficarmos no alpendre da casa da senhora, só até amanhecer, para começar as buscas?

— De maneira nenhuma. Inclusive, se vocês quiserem ficar dentro da casa, podem ficar. Mas está sem luz e sem água pra todo mundo, só tem um pouquinho.

— Não se preocupe. Trouxemos o que vamos precisar e não queremos incomodar a senhora em nada. Obrigado.

Reuni toda a tropa para explicar o que iríamos fazer no dia seguinte. Olhei fixo para o João, que permanecia de cabeça baixa. Vi que ele estava se remoendo por dentro.

— Bom, senhores. Vamos ter de passar a noite aqui. Vamos revezar em turnos para que um novo deslizamento não nos pegue de surpresa. Nossa missão é encontrar um garoto de 10 anos de idade. O nome dele é Leandro. A casa foi atingida por um grande deslizamento de terra e levou também quase toda a família dele. A única pessoa que restou foi o pai, que estava aqui mais cedo com a gente. O espaço que temos é esse. Espero que consigam descansar um pouco. Alguma dúvida?

E o silêncio, para variar, reinou.

— Obrigado a todos, e podem ir para as suas funções.

Liberei todos os militares e fui até a minha mochila buscar água e pó para fazer café para a tropa. O João Gustavo veio atrás de mim rapidamente e me disse:

— Como assim, tenente? Só isso? Uma missão dessas e as instruções foram só aquelas?

Eu amo esse tipo de situação. As mentorias em operações reais têm essas vantagens. Tudo o que você aprende pode fazer com que seu aluno aprenda com exemplos práticos.

— Isso aí, João. Você tem alguma dúvida?

— Dúvida? É lógico que eu tenho! Como vamos fazer as buscas? Como vamos dividir as equipes? Onde o garoto pode estar? Quem viu ele por último? Qual o croqui da casa? Na verdade, eu só tenho dúvidas.

— Que bom. Então pega o pó que eu vou fazer o café.

Eu olhava para a cara do João e via um monte de balõezinhos de interrogação acima da sua cabeça. Aquilo tudo era muito novo para ele, ainda aspirante, já pegando uma ocorrência complexa como aquela, e o comandante da operação querendo fazer café, ao invés de dar ordens para um soldado.

— Tenente, por que não manda um soldado fazer o café e vai decidir o que fazer?

— Eu já decidi o que fazer. John. E sobre fazer o café, depois que ele tiver pronto, eu te explico.

Eu já tive comandantes de diversos tipos. Os piores deles eram aqueles que queriam me detalhar tudo o que eu deveria fazer, como eu deveria fazer, o momento em que eu deveria fazer, as pessoas que eu deveria escolher para a missão, tudo, sem dividir ou ouvir opiniões. Eu ficava pensando: "Pra que eu estou aqui? É melhor ele ir lá e fazer tudo".

Mas eu tive um comandante com o qual eu gostava muito de trabalhar. Ele simplesmente me dava a missão e a liberdade de ação.

Se era um incêndio em uma edificação grande, ele simplesmente escolhia os oficiais e falava:

– Quero que vocês façam as ações de salvamento das pessoas. E pronto.

Atenção! Com isso, ele não estava simplesmente transferindo a sua responsabilidade no processo. Nesse caso, há o estabelecimento de uma relação de confiança, quando o comandante sabe das capacidades daqueles para quem distribuiu as tarefas. Ele simplesmente diz o que espera que seja feito, e sua confiança é tamanha que ele não precisava ficar falando como fazer, com quem fazer, a que horas fazer. Ele sabia que a missão seria cumprida independentemente do que acontecesse, e que eu faria da melhor maneira possível. Um bom líder deve dar liberdade de ação ao seu time. Deve treiná-lo de maneira que ele se torne dispensável em uma operação, e isso na nossa cultura é mais fácil de entender, pois o comandante pode morrer em ação, mas a missão deve ser cumprida.

Eu havia treinado aqueles bombeiros que estavam comigo na busca pelo Leandro. E eu tinha a confiança de que, assim que os deixei naquele local, eles já haviam dividido as equipes, separado os materiais e estavam planejando as estratégias de busca para o momento em que se apresentassem condições para isso. Eu sabia que seria assim, pois era assim que eu os tinha ensinado. Contudo, o aspirante, por estar havia pouco tempo na equipe, ainda não tinha passado por esse processo.

Enquanto eu fazia o café, continuei a conversa com ele:

– John, eu já falei para os militares o que é para fazer. A missão é encontrar um garoto de 10 anos que foi soterrado. Quando você deixa claro a sua intenção, você não precisa entrar em detalhes, pois, às vezes, o modo como você quer que seja feito pode não ser o que eles encontrarão na operação real. Ou seja, você vai engessar a maneira deles de trabalhar.

– Uhmmm.

— A confiança em uma equipe especializada é tamanha, que, se eu der uma colher para eles cavarem toda aquela terra, eles vão cavar com a colher, sem questionar, pois sabem que eu me importo acima de tudo com a missão e, juntamente com ela, me importo com cada uma das pessoas que vai cumprir a missão. Por isso eu dou liberdade de ação, pois cada um também está preocupado em dar 100% para fazer isso da melhor maneira possível.

— Entendi. Mas e se eles estiverem fazendo algo errado?

— Eu vou estar ao lado deles. Se eles estiverem fazendo algo inseguro, eu vou interromper e prezar pela segurança deles, da vítima e da operação. Mas eu só vou saber que eles estão fazendo algo errado depois que eles fizerem algo.

— Como assim?

— Nesse tempo como bombeiro eu já me deparei com muitas, mas muitas situações em que o manual dizia para fazer uma coisa, mas a operação, a situação real mostrava que aquilo não seria possível. Então eu aprendi que há situações seguras e situações inseguras. Se o que eu decidir for errado, eu só saberei depois que tomar uma decisão. Se o que eu decidir for o certo, eu também só saberei depois que eu tomar essa decisão. Mas se eu não tomar decisão nenhuma, eu nunca saberei se foi certo ou errado.

— Mas como eu escolho o que fazer?

— "Fale para o pai aquilo que você gostaria de ouvir", lembra? Se colocar no lugar do outro é a melhor opção. Muitas vezes não é a mais fácil, mas é a melhor opção.

— Entendi. Mas a gente não podia ter começado a fazer alguma coisa ao invés de ficar aqui parado, sem fazer nada?

Nesse momento eu me lembrei de que já fui igual ao João Gustavo.

Mais no início da carreira, eu também era ansioso para resolver as coisas, afobado, não aguentava a falta de ação. Mas isso não durou muito tempo. Foi até o dia em que fui apagar um incêndio em uma loja praticamente toda construída de madeira.

Eu ainda era aspirante, e, quando chegamos ao local do incêndio, pedi que armassem as linhas com água pressurizada para entrarmos no local e apagar logo aquele fogaréu. O tenente que estava ao meu lado, um oficial muito antigo, já prestes a se reformar (uma espécie de aposentadoria militar), me segurou e disse:

– Calma, Farah. Manda o pessoal esperar.

– Mas tenente? Vamos lá apagar o fogo!

– Calma, cara! Nós não vamos gastar nem um litro d'água neste lugar. Faz o seguinte: manda todo mundo se equipar. Depois, você se equipa e aí a gente pensa em ir lá apagar o fogo.

Dito e feito. Mandei todos se equiparem com suas roupas de incêndio, colocarem as máscaras de ar respirável e, assim que eu também me equipei, estávamos prontos para ir lá acabar com o fogo.

Mas assim que terminei de colocar meu equipamento de proteção, as colunas de sustentação de madeira caíram, e o telhado veio todo abaixo. E, devido ao abafamento, o fogo simplesmente se apagou.

Eu olhei para o tenente, que calmamente sorriu pra mim e de longe fez uma continência com o sinal de missão cumprida. Não tive como não rir e extraí uma grande lição daquele dia.

E o aspirante João parecia o aspirante Farah tentando apagar aquele incêndio. Então, eu disse a ele:

– Paciência não é falta de ação. Retardar uma ação não é o mesmo que perder tempo ou ser indeciso. Nós estamos esperando uma condição segura para atuarmos.

– É porque não foi o senhor que falou para o pai que não iríamos começar as buscas hoje.

– Realmente, não fui eu. Mas se algo der errado aqui, a responsabilidade não vai ser sua, vai ser minha. Ou você gostaria de avisar para a família de algum dos militares que ele morreu sob seu comando?

Dessa vez, o João não falou nada.

Eu sempre gostava de exagerar nas alusões a consequências, pois isso era uma maneira de vislumbrar o pior cenário e saber se as decisões que eu estava tomando eram as melhores. É como a decisão de entrar em um prédio em chamas com vítimas, quando nós podemos morrer queimados ou esmagados se o prédio cair, sem ajudar a quem fomos resgatar e sem cumprir a missão. E nessa profissão há destinos piores. Um deles é alguém de sua equipe morrer. O outro é voltar para casa, quando um dos seus militares tombou durante a ação. Já estive muitas vezes entre uma ação cuja precipitação seria prejudicial e cujo atraso não faria mais diferença no resultado final. E aquela, infelizmente, era uma dessas situações.

Se eu colocasse todos os militares para trabalhar naquela área escura, sem iluminação nenhuma e sem ter uma rota de fuga bem definida, por mais que eu encontrasse o Leandro, ele não estaria vivo. Certamente, minha decisão poderia ser outra se eu ainda pudesse encontrá-lo com vida. Por isso, decidi esperar o amanhecer, pois não haveria qualquer ganho operacional na antecipação dessa ação, que seria baseada num desejo totalmente compreensível de um pai, mas principalmente em uma impaciência nossa de querer fazer qualquer coisa que, pela minha análise e sob aquelas condições, colocaria mais vidas em risco.

– John, essa frase não é minha, mas leva ela com você: "As ferramentas mais poderosas de um guerreiro são a paciência e o tempo".

– De quem é essa frase?

– Eu não sei, não. Mas sei que ela deve ter salvado muitas vidas. Vamos lá levar o café para o pessoal.

No caminho, ele me fez mais uma pergunta:

– Tenente, por que o senhor fez o café?

– Você ainda não fez nosso curso, né? Então vou te contar, mas você tem que prometer que vai fazer o curso e não vai contar essa história pra ninguém.

– Prometo.

– O curso dura cerca de 30 dias. É uma imersão, onde os alunos não têm contato nenhum com o mundo externo, não têm acesso ao celular, só comem o que e quando a coordenação deixar, passam frio, sede e fome, e dormem muito pouco. Mas tem uma coisa que eles podem ter o tempo todo: café.

– E é o senhor que faz o café?

– Não. O café e feito pelo "Aluno do Café". No primeiro dia de curso, escolhemos aquele aluno que parece ser o mais fraco, mental e fisicamente. Aquele que todos apostam que irá pedir para sair e que não aguentará as provas. Esse é o escolhido para ser o Aluno do Café.

Antes que ele fizesse mais uma pergunta, eu continuei:

– Todos os dias, às 6 da manhã em ponto, esse aluno deve fazer o café, e há um ritual para isso. Tem até um termômetro para ele medir a temperatura exata da água. E sempre que o instrutor pedir o café, ele deve parar tudo que está fazendo para fazê-lo. No curso, os alunos têm privação de tudo, menos de café. Sem açúcar, claro. Eles podem tomar café à vontade, mas o único que pode fazê-lo é o Aluno do Café. Então, se estão com frio, fome ou sede, podem tomar café.

– Não sabia. Deve ser bem puxado.

– E tem mais uma condição. Se o Aluno do Café for eliminado ou desistir do curso, todos os demais ficarão sem café até o final do curso. Ou seja, se ele der baixa, todo o grupo sofre.

– Cê tá louco! Mas os senhores também botam pressão nele durante as provas?

– Até mais que nos outros. O Aluno do Café sofre mais que todo mundo.

– Aí ele desiste na primeira semana, né?

– Até hoje, nenhum Aluno do Café desistiu. O senso de responsabilidade com o grupo é tão grande que ele se destaca e se esforça até o final.

– Nossa! Mas por que o senhor que faz o café aqui? – seguia o João, que gostava de perguntar.

– Porque aqui eu sou o Aluno do Café. Eu não tenho o direito de desistir dessa missão, nem de vocês.

As buscas pelo menino duraram mais alguns dias. O terreno estava muito instável, ficamos três dias totalmente isolados, com pouca água e comida. Tivemos de refazer a estrada para conseguir chegar até a cidade mais próxima. Perto do quinto dia, o João já estava exausto. Cheguei a vê-lo dormindo na área de intervenção, de tão cansado, e tive de mandá-lo de volta para o quartel na capital, mesmo contra a sua vontade. Vários deslizamentos secundários aconteceram durante os nossos trabalhos. Até que no décimo dia, no dia 24 de dezembro, encontramos o Leandro. E mesmo que aquele não tenha sido o melhor final que gostaríamos para aquela história, conseguimos dar um alívio para aquele pai, que assim pôde encerrar um ciclo e seguir em frente com sua missão.

Eu sempre entendi que deveria passar meus conhecimentos para a frente, ser mentor do maior número de oficiais novos que eu conhecesse. Essa era uma premissa que eu passava a todos os bombeiros que trabalhavam comigo.

Ensine alguém
a **ser melhor** que você.

Passar seus conhecimentos adiante e fazer um novo líder são princípios para se tornar um bom líder, seguindo os **MANDAMENTOS DO LÍDER.**

MANDAMENTOS DO LÍDER

Se não acredita, não aceite.
Se aceitar, cumpra.
Não arrume desculpas.
Não desista.
Tenha coragem (física e moral).
Aja, não reaja.
Seja exemplo.
Seja leal.
Passe conhecimento.
Faça um novo líder.

A seguir, descrevo um pouco mais e trago alguns exemplos sobre esses mandamentos.

▸ **Se não acredita, não aceite**

Regra básica: jamais aceite missões em cujo propósito você não acredita. Você poderá até cumpri-las de maneira extraordinária, mas jamais conseguirá inspirar o seu time a dar o seu melhor. Se cumprir algo com a mera finalidade de se livrar daquilo, ao final, não sentirá orgulho do que realizou, e seu time não irá te enxergar como um líder, mas, possivelmente, como alguém que se afastou de sua causa, quase como um mercenário.

Muitas vezes, a missão será realmente difícil de ser cumprida, e para isso será necessário ter muita disciplina. Como vimos, a motivação pode estar ausente em muitos momentos, e então não adiantará querer a motivação dos outros. Motivação não é algo que outras pessoas podem te fornecer, pois ela parte de um motivo, de uma conexão com uma causa. Então, se você não acredita na causa, não aceite a missão.

▸ **Se aceitar, cumpra**

Missões foram feitas para serem cumpridas. Então, se acreditar na causa e pegar a missão, cumpra-a. Normalmente, somos medidos pelo conjunto das missões que cumprirmos. Mas, se falhamos em uma missão, mesmo que seja apenas uma, provavelmente seremos reconhecidos pelo não cumprimento daquilo que foi por nós assumido. Então, se você não se julga capaz de executar certa missão, não a aceite, ou deixe clara sua percepção. Não é vergonha não aceitar uma missão. Pode ser preciso mais preparo, treinamento, equipamentos, equipe... Mas, se você aceitar, cumpra-a. Se tiver alguém que julgue melhor para cumpri-la, indique-o. A vergonha pode estar em assumir e não cumprir, deixando para trás consequências.

▸ **Não arrume desculpas**

Pior do que não cumprir uma missão, é dar desculpas por não tê-la cumprido. Um líder que apresenta desculpas para não executar uma tarefa não é um bom exemplo para sua equipe.

Certa vez, o comandante do Centro de Operações solicitou que eu e minha equipe verificássemos a possibilidade de cortar uma árvore enorme, que estava com risco iminente de queda entre algumas casas durante uma noite chuvosa. Já haviam passado pelo local três guarnições, que se negaram a efetuar o corte, alegando risco para os bombeiros e para as casas.

Como o serviço era extremamente complicado e perigoso, além do fato de que o risco de atingir as casas próximas era praticamente certo, não aceitar a missão, pelo fato de estar chovendo e ser muito arriscado, era uma desculpa perfeita.

– Olha, comandante, eu não controlo o tempo, continua chovendo demais, e não foi possível cortar a árvore.

Se eu dissesse isso, ele provavelmente aceitaria a justificativa e entenderia que os riscos que coloquei acima dos benefícios eram plausíveis e compreensíveis.

Ao fazer uma avaliação mais detalhada, conversei com minha equipe e lhes disse que, se não cortássemos aquela árvore, ela logo cairia sobre as casas daquelas pessoas, que já não tinham nada – estávamos numa localidade com habitantes de baixa renda. Por isso, se desistíssemos, os próprios moradores tentariam cortar a árvore, e, muito provavelmente, acabariam se machucando. Com isso, consegui que minha equipe enxergasse aquela causa, acreditassem nela e aceitasse a missão. Reportei-me ao comandante, dizendo que faríamos o serviço.

Começamos a cortar a árvore, mesmo com a chuva torrencial caindo sobre nós. Não parava de chover um minuto sequer. Em dado momento, um dos meus militares estava efetuando o corte de um dos galhos, e eu lhe disse que podia continuar com o corte, mas o galho caiu e quebrou um telhado. Mas, ao final de quase sete horas de trabalho, mesmo com frio, sono e fome, nós cumprimos a missão. Ao terminar a operação, conseguimos alguns materiais próximos dali, consertamos o telhado e voltamos para o quartel. Anunciei ao comandante que a missão estava cumprida e relatei que um dos galhos havia caído sobre uma das casas e quebrado parte de seu telhado, mas que nós já o havíamos consertado.

Ponto. Sem desculpas, sem dizer que o galho girou devido à chuva intensa e aos fortes ventos. Simplesmente fizemos o que tínhamos de fazer e corrigimos o erro.

▸ Não desista

Mesmo que uma dor pareça grande, a missão deve ser cumprida. Então, ajuste-se a ela.

Quando eu estava no Curso de Formação de Oficiais, logo nas primeiras semanas, tive uma forte torção em um dos pés, que rompeu todos os ligamentos do meu tornozelo.

A recomendação médica era que eu passasse por uma cirurgia, e, segundo os especialistas, o prazo de recuperação seria de três meses, o que me impossibilitaria de participar das provas físicas que eu precisava fazer para cumprir o curso. Mas eu não podia parar.

Eu até conseguia correr para fazer as provas práticas. A dor era intensa, mas passageira. Muitos me aconselhavam a tomar alguns remédios bem fortes para não senti-la durante as atividades. Mas não sentir a dor poderia agravar a lesão ainda mais, uma vez que ela limitava meus movimentos e me impedia de torcer o pé novamente.

Então, eu me ajustei àquela dor, já que eu precisava conviver com ela. Coloquei na minha cabeça que faria as provas mesmo com dor.

E assim eu fiz, pois a dor era inevitável, e eu tinha uma missão maior que ela a cumprir naquele momento.

▸ **Tenha coragem (física e moral)**

Atenção: *spoiler* a seguir.

Em *300*, um filme de guerra baseado numa série de quadrinhos, em que 300 espartanos batalham contra o "deus-rei" da Pérsia, podemos ver o Rei Leônidas de Sparta sair do meio dos escudos de proteção de seus companheiros para, com sua lança, atingir o Rei Xerxes. Naquele momento, ele não estava protegido por sua equipe e se sacrificou por ela. Ficou totalmente exposto para ser atingido pelo inimigo, mas fez aquilo pela sua tropa.

A coragem de se sacrificar pelo seu time não se restringe apenas à coragem física, que inclusive poderia custar a vida (ou o emprego) do líder. É necessária uma coragem moral para assumir os erros que porventura aconteçam e se responsabilizar totalmente por algo que tenha dado errado. É isso que um time espera do seu líder. Ninguém se sentirá mal pelo fato de o líder, às vezes, ter regalias que outros não têm – seja uma vaga na garagem, uma sala maior, seja uma cadeira melhor –, se entenderem que esse líder se sacrifica por aquele time, e não que o time se sacrifica para que o líder tenha benefícios. Coragem, física e moral, é essencial para um bom líder.

▸ **Aja, não reaja**

Líderes impulsivos são repulsivos. Quantos de nós já não trabalhamos com um chefe que ao menor sinal de crise se descontrolou totalmente, e sua reação foi uma catástrofe? Ou quantos de nós já não nos descontrolamos diante de uma situação de trabalho ou na rua e quase colocamos tudo a perder? Não é pelo fato de não termos os processos de tomada de decisão, mas por reagirmos de forma catastrófica, a ponto de nos colocar, bem como outras pessoas, em risco. A impaciência precipitada é que pode pôr a perder a vida ou os negócios.

Qualquer membro de uma equipe espera que um bom líder tenha autocontrole exatamente nas situações críticas, e serenidade suficiente para agir da melhor maneira possível, no momento certo, não reagindo imediata e intempestivamente.

A resposta é algo pensado e avaliado. A reação é instintiva e imediatista.

▶ **Seja exemplo**

Lidere pelo exemplo, mas não queira demonstrar isso o tempo todo, pois a absorção pela sua equipe precisa ser natural e real. Até porque um bom líder não tem que saber fazer tudo. É para isso que um líder precisa de um time. Ele direciona, orienta e dá esperanças. Mesmo se você escolheu pessoas melhores que você para compor o seu time, se conhece suas fraquezas e colocou na sua equipe pessoas que preencham essas lacunas, pode ser que em algum momento você mesmo precise realizar aquela tarefa desafiadora. Então, cumpra a missão e inspire ao dar o exemplo.

▶ **Seja leal**

Isso é o que seu time mais espera de você, como líder. Não precisa ser o melhor na sua área, ou ter resposta para todos os problemas – afinal, você tem um time para te ajudar nisso. Mas as pessoas esperam lealdade e transparência. Ser leal é essencial para que seja preservada uma relação de confiança dentro de uma equipe. A reciprocidade será a mesma, e o time fará de tudo para que as tarefas e as missões sejam fielmente cumpridas. Contudo, não se engane: muitos não gostarão do líder, do seu jeito, da sua maneira de agir ou simplesmente não irão com a cara dele. Da mesma forma, o líder pode ter pessoas com quem tenha pouca afinidade na sua equipe. O que se espera é que essas pessoas sejam profissionais e leais o suficiente para cumprir as missões. Determinada equipe pode não ser aquele grupo de amigos que vai sair para beber depois do cumprimento de uma missão, mas deve ser um grupo de pessoas que têm um propósito em comum, além de transparência e lealdade. E se houver amizade, melhor ainda.

> **Passe conhecimento**

Achar que reter conhecimento é o que fará com que alguém se torne uma referência em determinado assunto foi uma das ideias mais idiotas que eu já ouvi de um CEO de empresa. Ainda mais nos dias atuais, em que é bem mais fácil acessar conhecimentos. No caso dos bombeiros, a disseminação dos nossos aprendizados pode salvar vidas, inclusive as nossas, pois somos usuários do mesmo sistema. Ao estudar determinada área e compartilhar os conhecimentos dela, abrimos a possibilidade de que outras pessoas questionem e levantem dúvidas que ainda não tinham sido levantadas, fazendo com que o assunto seja mais estudado. Tentar esconder o que se conhece não fará com que alguém seja uma referência. Espalhar o conhecimento é o que fará com que todos, ao tocarem em determinado assunto, lembrem-se de quem é a melhor pessoa para falar sobre ele.

> **Faça um novo líder**

Para se tornar um bom líder, é necessário escolher alguém para passar seus ensinamentos. Um verdadeiro líder tem a necessidade de se tornar um mentor e fazer com que outras pessoas deem continuidade aos seus pensamentos e atitudes. O papel do verdadeiro líder é tornar-se dispensável para a sua equipe. Pode parecer contraditório, mas a partir do momento em que a equipe está engajada nos propósitos que seu líder plantou, tudo deve fluir da maneira como ele ensinou. Na nossa profissão de bombeiro, isso significa até mesmo que a nossa própria vida pode ser salva pelos ideais desse líder.

Essa é a maior missão do líder. Muitas vezes, tal figura se apega tanto à função ou à sua equipe, que não quer que outra pessoa a substitua. Mas é necessário fazer com que seus ideais se propaguem. Como já vimos anteriormente, um time deve conseguir cumprir suas missões mesmo sem um líder em campo e, para isso, essa pessoa deve treinar alguém para que seja melhor que ela mesma, conhecer as lacunas das suas fraquezas e escolher para integrar a sua equipe aqueles que as preencham. Naturalmente, um dia, o líder será substituído, mas seus ideais, se estes se tornaram um propósito, jamais irão abandonar o fator motivador que faz com que aquela equipe não deixe de existir.

Note o poder que isso tem... Ser capaz de ensinar uma pessoa para que ela seja tão boa quanto você, transferindo seus conhecimentos e experiências, potencializando os acertos e minimizando os erros, para criar um discípulo que seja no mínimo tão capacitado quanto você. Essa pessoa só não será melhor do que você porque, para te superar, ainda terá de criar alguém tão bom quanto ela. No dia em que esse discípulo for realmente melhor que você, você terá atingido a excelência.

Conteúdo complementar

Hiro Onooda – Soldado que lutou 29 anos após a guerra acabar – Fatos Desconhecidos

Mario Sergio Cortella – Faça por merecer

Mark Besos – A lição de um bombeiro voluntário – TED

CONVIDADOS

CORONEL GOLAN VACH

Líder militar israelense

Desde o início da História, a natureza humana tem se destacado mais do que as outras criaturas.

Mas mesmo entre os registros históricos, a maioria das páginas era dedicada àqueles seres humanos que eram chamados de líderes. Aqueles que sopraram os ventos, que agitavam as ondas das tomadas de decisões que mudaram o destino de outros seres humanos e da criação como um todo.

Sua tendência de examinar todos os fenômenos, de iniciar, desafiar, procurar novas terras, atravessar montanhas, florestas selvagens, otimizar suas ações e aproveitar a natureza para suas próprias necessidades, tudo isso fez com que ele, inquestionavelmente, dominasse o mundo. A história do mundo é, em grande parte, a história do homem. Pode-se supor que, se Deus criou os homens para governar este mundo, os líderes são a ponta de flecha neste plano divino.

O que faz com que outras pessoas se curvem diante dos líderes de qualquer natureza? Será que esses traços são inatos ou foram adquiridos? Em qualquer que seja o caso, a contemplação da moral, a questão da responsabilidade colocada sobre os ombros desses líderes não pode ser evitada.

De fato, o traço e a influência da liderança são muitas vezes incompatíveis com a construção do mundo atual e sua correção necessária. Se o imperativo bíblico de Deus é que Adão trabalhe no céu e mantenha-o como um paraíso, os líderes têm o grande dever de usar seu talento de liderança para tornar o mundo um lugar melhor.

Mas, mesmo com nosso louvor ao homem, e especialmente em relação àqueles que estão preocupados com o avanço do mundo da maneira correta, durante vários anos, a natureza mostra aos mais poderosos questões pungentes sobre a superioridade humana, sobre sua capacidade de tomar decisões e, em um sentido profundo, até examina o mundo dos conceitos que o próprio homem definiu. Os desastres naturais, como terremotos, epidemias e inundações, causam um número enorme de danos na psique, zombam dos esforços da humanidade para lidar com eles e redesenham o equilíbrio de poder entre o homem e a criação.

Mas, especialmente nesses desastres, o líder pode emergir entre o resto das pessoas.

Um desastre natural obscurece a imagem dos fatos e sistemas de moralidade do modo como a humanidade está acostumada a vê-los. O caos se torna a regra por um certo período de tempo, e essa mistura de morte e vida torna difícil seguir o mesmo sistema de comportamentos que o homem costuma ter.

O desafio que o líder ou comandante enfrenta no caso de um desastre natural é o de redesenhar, com a força de sua personalidade, sabedoria e liderança, as etapas necessárias para salvar vidas, manter e aumentar a confiança das pessoas atingidas para moldar e, em grande parte, recriar um novo conceito de mundo. É por isso que Noé foi nomeado como "o pai da humanidade" precisamente na era pós-dilúvio.

A liderança é, então, necessária, especialmente em tempos de crise.

Sou comandante da Equipe de Busca e Resgates do Exército de Israel e estive à frente da delegação do meu país que desembarcou no Brasil em janeiro de 2019 para ajudar nas operações de busca e resgate por duas semanas, em Brumadinho, Minas Gerais. Lá, em um mundo caótico e não natural, onde viver e morrer estavam imersos no mesmo solo lamacento, reconhecemos a suprema qualidade da humanidade e da liderança. Eu e o autor deste livro passamos muitas horas em resgate físico e conversas de coração para coração.

Havia também o sentimento de que esta geração venceu, no Brasil e no mundo, por ter comandantes desse tipo. Esses são verdadeiros líderes.

SIGA SEU CORAÇÃO

Ser líder é bom... para quem gosta de assumir responsabilidades, agir sob pressão, tomar decisões e saber lidar com as emoções – suas e de terceiros. É bom, mas não é fácil.

> Em 2010, eu estava muito feliz. Seguia me desenvolvendo muito bem na profissão que escolhi, estava casado, meu filho era um garoto lindo e saudável de 3 anos, e havíamos comprado com muito esforço nossa primeira casa. Mas se tem um dia que eu gostaria de apagar da minha vida, ele aconteceu nessa época.
> Eu, meu filho, minha esposa e minha mãe estávamos visitando a casa, que ainda estava em reforma para que pudéssemos nos mudar. Já havia anoitecido e tínhamos checado tudo o que queríamos na obra e estávamos prontos para ir embora. Assim que terminei de descer a escada, minha mãe atravessou a rua, e, ao chegar perto do carro, avistou um rato. Assustada, ela acusou a presença do bicho:
> – Credo, um rato!
> Nesse momento, meu filho, com a curiosidade inerente a um garoto daquela idade, foi correndo ver o animal, que ele assistia nos desenhos da TV, mas nunca tinha visto ao vivo. Ao atravessar a rua, ele foi atropelado por uma moto. Foi jogado a

cerca de 10 metros, e, não sei bem como, no mesmo instante eu já estava ao lado dele no chão.

E agora? Eu já era um bombeiro militar altamente treinado para grandes desastres e acidentes como aquele.

Parei e imobilizei meu filho na posição em que ele se encontrava, conforme mandam os protocolos. Enquanto isso, pedi para ligarem 193 e acionarem o Corpo de Bombeiros. Então, aguardamos a chegada da ambulância. Certo? Errado. Eu não fiz nada disso.

Algo me dizia para pegá-lo no colo e levá-lo para o quartel mais próximo. E assim eu fiz.

Peguei meu filho da maneira que achei mais fácil, coloquei no banco de trás do carro, apoiado no colo da minha mãe, andei por quase 5 quilômetros na pista exclusiva para ônibus e finalmente cheguei no batalhão de Bombeiros. Lá eu o entreguei para o primeiro bombeiro que vi e saí de perto.

Segui meu coração. Nada de técnicas sobre como se controlar em momentos de crise, focar na solução e não no problema, responder e não reagir... nada disso. Não que eu já soubesse de tudo isso 10 anos atrás, pois muitos dos conhecimentos que compartilhei aqui vieram ao longo desse período. Mas eu acredito que, se outro acidente como aquele acontecesse com um filho meu, eu provavelmente faria tudo da maneira incorreta novamente.

A partir do momento em que entreguei meu filho para alguém preparado e em condições normais de ação, eu confiei no que esse alguém faria e nas decisões que tomaria.

Pouco antes de minha viagem para o Japão, em 2017, meu pai precisou ser submetido a uma cirurgia de troca de prótese no joelho. Durante a operação, ele teve uma infecção generalizada e acabou entrando em coma por uma septicemia grave.

Eu o visitava no CTI todos os dias. Uma semana antes da minha viagem, dada a gravidade do seu estado de saúde, eu havia decidido que não viajaria mais, e não faria o curso no Japão. Eu não tinha dito nada a ele, até porque ele estava, havia quase um mês, internado e inconsciente. Até que, durante uma visita minha, ele despertou e me disse:

— Não deixe de correr atrás do que você quer. Às vezes o mundo até para pra alguns de nós. Mas ele não pode parar pra todo mundo.

Mais uma vez, eu não soube o que fazer. Então, segui meu coração. Mesmo com dor e preocupação, acabei viajando para fazer o curso com que eu tanto sonhava. Quando retornei, meu pai já estava em casa, recuperado e muito feliz por ter visto o filho concluir uma missão no outro lado do mundo.

No início de 2019, eu me vi numa das mais importantes missões de minha vida e num dos maiores desastres do mundo, quando rompeu a barragem em Brumadinho.

Nessa operação, recebemos ajuda de militares de Israel, entre eles, o comandante da delegação, coronel Golan, de quem fiquei muito próximo. Os militares israelenses nos auxiliaram em muitas questões, como pensando nas melhores maneiras de dividir as equipes e em estratégias para buscas em áreas de grande extensão. Mas uma dúvida pairava. Já estávamos havia sete dias realizando buscas incessantes, sem perspectivas de finalizar os trabalhos, e precisávamos trabalhar com dados e diretrizes. Sabíamos que, tecnicamente, no sétimo dia praticamente já não era mais possível encontrar vítimas com vida, principalmente naquelas condições que a lama nos apresentava. Mas até quando iríamos buscar pelas vítimas? Até quando arriscaríamos a vida dos homens e das mulheres de nossas equipes para poder dar ao menos algum conforto para as famílias, que ansiavam para se despedir dos seus entes queridos? Não havia protocolo para isso, nem literatura que abordasse o momento de encerramento de nossas atividades.

Então, decidi recorrer ao coronel Golan, que conta mais de 30 anos de experiência. Ele provavelmente saberia me dar uma resposta.

– Coronel, até quando deveremos buscar essas pessoas que ainda estão desaparecidas?

– Enquanto seu coração mandar...

E, assim, o Corpo de Bombeiros seguiu, e manteve a busca incansável pelas nossas "joias".

Até meus 18 anos, eu queria ser médico. Eu achava, e ainda acho, linda essa profissão de curar os outros. O ato de dar atenção, escutar, avaliar cada caso e trazer uma solução para o problema de alguém é encantador. Além disso, meu pai era médico e já possuía um consultório, onde eu poderia colocar em prática esse meu desejo de salvar vidas.

Então chegou aquela hora: O que eu vou ser quando crescer? Decidi que seria médico, e consegui me matricular numa faculdade.

Mas um dia eu estava andando na rua e esbarrei com um cartaz que anunciava um Curso de Bombeiro Militar. O que chamou minha atenção foi a imagem de um resgate. Aquilo logo me pareceu uma outra forma de ajudar as pessoas, mas de um jeito diferente, que combinava mais comigo, pois num mesmo dia eu poderia estar em lugares diferentes, escalando, mergulhando, escavando ou pendurado por uma corda para salvar alguém. Era incrível!

Decidi me inscrever no curso, comecei as aulas e... veio a decepção. No final do primeiro mês, eu pensei em desistir, pois me vi em meio a um monte de teorias, em salas de aula, tendo que anotar uma infinidade de coisas para responder nas provas. Eu queria fugir daquilo. Mas então começaram as aulas práticas, e eu me apaixonei. Fui até o fim, superando dores e medos que eu nem sabia que sentia, e me formei.

Agora eu tinha de tomar uma das primeiras grandes decisões, quando um "menino de 18 anos" precisa escolher o que vai fazer pelo resto de sua vida, algo que lhe dê sustento e satisfação ao mesmo tempo. Eu estava entre a medicina, seguindo a profissão de meu pai, e sabendo que já teria um consultório confortável para trabalhar, e aquela outra profissão do cartaz, que também salvava pessoas, mas trazia alguns "pequenos riscos". Então, fui conversar com minha mãe. Não vou entrar em detalhes sobre essa conversa entre mãe e filho, mas o que posso dizer é que ela me orientou a seguir meu coração.

Eu conheci a minha esposa, Renata, ainda muito novo. Tínhamos cerca de 15 anos e trabalhávamos no mesmo bufê de festas infantis. Após cada um seguir seu caminho, seis anos depois nos reencontramos e começamos a namorar. E, em menos de um mês, já estávamos "grávidos".

Não era isso que eu havia programado. Tinha acabado de passar na prova do Curso de Oficiais e iria entrar num curso em que eu levaria três anos para me formar. Como pensar em um filho àquela altura?

> O desespero tomou conta de mim. Eu não sabia o que fazer, nem de onde tiraria dinheiro para comprar as milhares de fraldas. Também não pensava em me casar ainda, nem sabia se ela era a pessoa certa. Não estava preparado para me sustentar sozinho, muito menos sustentar uma família.
>
> Então conversei com a principal interessada nessa história. A Renata, claro. E juntos decidimos seguir nossos corações.

Eu e a Renata estamos juntos há 14 anos. O Davi agora tem 13 anos, e o Theo, meu filho mais novo, tem 7. Eu me formei e segui minha carreira nessa profissão arriscada, mas que eu amo, e que também dá orgulho à minha família e aos amigos que fiz através dela, bem como àqueles que me apoiam para que eu possa seguir nela.

Durante o curso para oficiais, o aviso da chegada de um filho e a ideia de formar uma família parecem ter trazido uma energia ainda maior, e eu me esforcei ao máximo para passar nos testes.

Pouco tempo depois, nós compramos nossa primeira casa, exatamente diante da qual aquele garotinho que não tinha sido planejado e que mexeu com os nossos planos sofreu aquele terrível acidente.

Quando o Davi finalmente se recuperou, decidimos mudar nossos planos e buscar uma casa numa rua mais afastada e mais tranquila.

Esse lugar mais afastado onde começamos a morar acabou por ser muito próximo do hospital em que meu pai ficou internado. Isso me permitiu estar ao lado dele constantemente, enquanto decidia se embarcaria ou não para o Japão. Como já contei aqui, ele me ajudou a tomar a decisão de ir em busca do sonho de me especializar na gestão de desastres.

Ao voltar do Japão, com uma bagagem incrível, pude implementar novos conceitos e práticas no CSSEI – o Curso de Salvamento em Soterramentos, Enchentes e Inundações, que, ao longo deste livro, chamamos simplesmente de Curso de Operações em Desastres. A última turma desse curso se formou depois de 26 intensos e exaustivos dias de treinamento, como também já foi mencionado neste livro. Dos 42 alunos que começaram o curso, 36 se formaram. É um número alto se comparado aos cursos anteriores, nos quais mais alunos batiam o sino e desistiam. Já estávamos em dezembro de 2018, e agora eu era capitão.

No dia 25 de janeiro de 2019, 42 dias após o final do curso, eu estava de férias nessa mesma casa, quando recebi uma ligação:

– A barragem de Brumadinho rompeu.

Em poucos minutos, um helicóptero do Corpo de Bombeiros Militar de Minas Gerais pousou ao lado de casa, e eu estava pronto para enfrentar um dos maiores desastres da história.

Em Brumadinho, conheci o coronel Golan, que atravessou um oceano para nos ajudar com sua vasta experiência militar e seu enorme conhecimento. E também foi lá que aquela senhora decidiu lavar nossas fardas sujas de lama e, de certa forma, nos permitiu encontrar tantas "joias", possibilitando ao menos algum conforto para que muitas famílias conseguissem seguir a vida.

Foi depois de esbarrar naquele cartaz na rua que comecei a usar essa farda, e pude estar presente em tantas missões, aprendendo na prática sobre propósito, empatia, decisões, disciplina, performance, equipe, pessoas e liderança.

Ser um líder é bom, mas não é simples. Haverá situações em que um pai, um filho, um marido, um jovem estudante ou um profissional experiente não saberão exatamente o que fazer, como ser racional, seguir teorias e aplicar técnicas.

Então, se não conseguirem se lembrar de nada que eu compartilhei neste livro, façam o seguinte:

Na dúvida,
siga **seu coração**.

Conteúdo complementar

Steve Jobs – Siga seu coração (2005) – Motivação Grid

EPÍLOGO

O VÍRUS, A PANDEMIA E O ÔNIBUS NA NEBLINA

No momento em que eu finalizava este livro, surgiu um vírus, uma pandemia que impactou e paralisou o mundo todo. Literalmente, infelizmente. Então, entendi que seria necessário e útil trazer uma reflexão sobre o importante e fundamental papel dos líderes de diferentes setores durante este novo e triste cenário.

Até o momento, os estudos indicam que o novo coronavírus começou a infectar seres humanos na China, no final de 2019. Em apenas três meses, o vírus já havia se espalhado por todos os continentes, e, assim, a epidemia de Covid-19 se tornou uma pandemia. Ainda que muitas pessoas a tivessem classificado, no início, como uma "doença de rico", por ela ter chegado a muitos lugares através do turismo internacional, a Covid-19 ultrapassou quaisquer barreiras sociais, políticas e culturais.

Inúmeros países viram os números de doentes e de vítimas fatais disparar, sendo necessária a tomada de decisões radicais para tentar conter seu avanço, principalmente entre idosos e pessoas com alguma outra fragilidade de saúde e baixa imunidade. Até agora, dez meses após o primeiro caso, já ultrapassamos 50 milhões de infectados e mais de 1 milhão de mortos pelo mundo. Provavelmente, quando você estiver lendo este capítulo, os números serão ainda mais assustadores. Nesse cenário, os líderes de empresas, governos e de qualquer setor precisaram agir rápido, tomando decisões inéditas.

Entre as muitas informações, estudos, pesquisas e notícias publicadas e que inundaram a vida de todos nós, li um artigo internacional, de cujo autor infelizmente já não me recordo. Ele fazia uma analogia entre a pandemia e a condução de um veículo em meio a uma neblina, para ilustrar a dificuldade de agirmos num momento como este.

Imagine um motorista que está conduzindo um ônibus numa estrada e, de repente, uma intensa neblina surge logo a sua frente, tomando conta de toda a pista e encobrindo a visão em todos os sentidos. Nesse momento, ninguém sabe o que provocou aquilo, podendo ser resultado do mau tempo ou até de um incêndio nas proximidades. Pelo rádio do ônibus, esse motorista começa a ouvir informações, mas algumas delas são contraditórias. Então, o pânico toma conta dos passageiros, que passam a gritar e a se desentender nos bancos de trás.

E agora, o que o motorista deve fazer? O que você faria se estivesse sentado no banco do motorista?

Você aceleraria para tentar sair o mais rápido possível da nuvem, mesmo correndo o risco de ela se tornar ainda mais densa, de encontrar algum obstáculo oculto mais adiante e de fazer algumas vítimas durante a viagem? Ou simplesmente pararia o veículo, sem ao menos conseguir informar aos passageiros quanto tempo levaria para aquela nuvem passar, deixando as pessoas entediadas e com o risco de perderem seus compromissos pessoais e profissionais?

No meio dessa crise, entre acelerar e parar, existe uma atitude que parece ser razoável: parar de acelerar, diminuir a velocidade, ligar o alerta, buscar informações confiáveis e pedir o máximo da colaboração dos passageiros, para que juntos todos possam sair sem maiores prejuízos desse tipo de situação.

Certamente essa opção não garantiria a mais completa segurança, afinal, não se sabe ao certo o que está acontecendo. Também não agradaria a todos os passageiros, dos mais apavorados aos mais apressados, que tentariam influenciar os outros passageiros ou impor no grito aquilo que acham ser o melhor para si. Mas é preciso lembrar que há um motorista conduzindo o ônibus, que foi treinado, adquiriu conhecimentos, aceitou essa missão e agora precisa tomar uma decisão. Não é fácil, mas será pior para todos se ele perder o controle, ceder ao Efeito Fatso, e não tomar uma decisão. Já falamos sobre isso.

Apesar de toda a dificuldade, não é o momento de estimular conflitos para encontrar uma solução. Os bombeiros são eficientes em desastres, pois agem com unidade, como um Corpo de Bombeiros. Lembra?

Após a Organização Mundial de Saúde declarar a pandemia, houve algumas iniciativas importantes em diversos âmbitos, públicos e privados, mas ainda havia discordâncias que já estavam impregnadas. Além disso, as urgências de empregadores e empregados muitas vezes não são as mesmas, assim como os pensamentos divergentes entre grupos distintos da sociedade. Entretanto, uma divisão deixa a tropa menos fortalecida para apagar um incêndio. Toda a equipe precisa estar alinhada com o propósito.

Provavelmente, o passageiro daquele ônibus que precisa ir ao médico, o outro que tem uma entrevista de emprego e aquele que acredita já ter passado por neblinas piores, vão querer que o motorista acelere para resolverem logo seus problemas. Já o passageiro que é mais cauteloso e aquele que não tem hora marcada na agenda não se importarão se o ônibus parar um tempo, para que a viagem possa seguir da forma mais segura possível.

Tentando resumir de forma bem simples e aparentemente óbvia, minha recomendação é que, ao ser surpreendido por uma neblina, o motorista deve dirigir com responsabilidade, sabendo que cada uma daquelas pessoas que entrou no ônibus confia e depende das melhores decisões que ele puder tomar.

Explico um pouco mais sobre a minha maneira de enxergar os diferentes lados de uma mesma história com o fato que relatei no meu primeiro livro: o rompimento da barragem de rejeitos de minério em Mariana, Minas Gerais, em 2015.

Logo após o lançamento do livro *Além da lama*, em 2019, fui convidado por uma jornalista a escrever um artigo sobre a liberação que a justiça estava para fazer, a fim de permitir que a empresa mineradora envolvida no caso voltasse a operar naquela região. Mas, mesmo sendo totalmente solidário e por ter vivido momentos tão duros ao lado dos moradores daquela região, eu não fui radicalmente contrário ao retorno da operação da atividade mineradora no local. Assim como também não fui totalmente a favor. Eu diminuí a velocidade do ônibus.

Escrevi no artigo que, bem ou mal, a mineração era a grande responsável por movimentar a economia daquele local, pois a maioria dos funcionários das empresas desse setor reside e consome produtos e serviços prestados pelos moradores e que significam a fonte de subsistência naquela região. Enquanto não houvesse outra solução para recuperar o movimento daquele local, muitos que sobreviveram ao desastre continuariam passando por dificuldades pela estagnação da economia que os sustentava, além do ambiente de tristeza, isolamento e solidão.

Então, manter o ônibus parado naquele momento já estava causando muitos outros danos, além daqueles irreparáveis que marcaram para sempre a vida dos moradores e dos familiares das vítimas, que continuavam lutando bravamente para conseguir seus direitos e, mesmo com dor, ter a chance de seguir em frente. Mas, atenção, antes e acima de qualquer interesse pelo desenvolvimento comercial, no artigo eu alertei que essa retomada só deveria acontecer se fosse de forma *responsável*. Ou seja, era – e ainda é – necessário que a atividade da mineração, seja em Mariana, em outras regiões de Minas Gerais que têm boa parte da economia ainda baseada nessa atividade, no Brasil ou pelo mundo, seja praticada após um planejamento sério, principalmente no que se refere a questões preventivas de segurança, a fim de priorizar, preservar e valorizar a vida. Sem essa condição fundamental, o ônibus até poderia voltar a acelerar rapidamente, mas provavelmente um novo acidente surgiria mais à frente. Isso é tão verdade que a tragédia de Brumadinho ocorreu alguns anos depois, em 2019. Curiosamente o rompimento de uma nova barragem aconteceu exatamente dois dias após eu ter dado o primeiro passo para a publicação do meu livro sobre a experiência e o aprendizado que vieram com a operação de resgate na cidade de Mariana.

Até sobre a operação em Brumadinho o coronavírus trouxe problemas e causou mudanças nos planos, pois o Corpo de Bombeiros teve de suspender as operações de busca de nossas "joias". Após análises realizadas sobre diferentes aspectos, foi avaliada uma alta possibilidade de contágio das equipes de busca. Então, no dia 21 de março de 2020, após 421 dias e 259 vítimas localizadas, as equipes precisaram suspender as buscas. Meses depois, quando já se conhecia melhor a epidemia e havia segurança para seguir, nós retomamos as buscas. Sobre o desastre em Brumadinho, até este momento, infelizmente 11 "joias" ainda não foram localizadas. Enquanto não pudermos dar esse conforto para as famílias, assim como ocorreu com a única vítima que não pudemos encontrar no desastre de Mariana, o senhor Edmirson, carregaremos para sempre esses nomes conosco.

Mais algumas mudanças de comportamento foram reforçadas durante a pandemia. Uma delas foi algo bem simples, como a lembrança da importância da higienização dos ambientes e do hábito de se lavar bem as mãos. Fez-se necessário ter autodisciplina. Para evitar a transmissão do vírus, esses hábitos precisavam ser reforçados frequentemente, até que se tornasse tão naturais a ponto de as pessoas realizá-los sem perceber, até mesmo de olhos fechados, repetidamente, como devem ser os treinamentos de alta performance.

Outra adaptação necessária nesse período foi na forma de nos relacionarmos uns com os outros. Apesar de a pandemia ter afetado o mundo todo, acredito que foi especialmente difícil para o brasileiro, considerado um povo afetuoso, que gosta de tocar e cumprimentar com longos apertos de mãos, abraços carinhosos e beijos – um, dois ou três, dependendo da região do país. Ainda assim, nos últimos anos, muito se refletia sobre o distanciamento físico que a ampliação do acesso e do uso de tecnologias, principalmente entre os jovens, causava entre as pessoas.

Mas, antes, a distância era uma opção; já na pandemia, o contato com amigos e familiares, nos shoppings, praias, parques, em festas de aniversário, e as reuniões marcadas em bares e restaurantes para bater um papo foram interrompidos por motivo de força maior. Até o desejo de um filho de encontrar seu pai ou sua mãe idosos ficou suspenso, pois era preciso evitar o toque, o abraço.

Assim, a conexão entre a maioria das pessoas se tornou ainda mais virtual, inclusive entre essas de mais idade. O trabalho em *home office* se tornou uma realidade, assim como as aulas on-line, as chamadas de vídeo em grupo, o acesso a diversos conteúdos audiovisuais por *streaming*, os aplicativos de entrega domiciliar de produtos e outros recursos descobertos ou desenvolvidos para se adaptar a esse período e que tiveram um aumento gigantesco em seu uso, sendo fundamentais para que as nossas necessidades de alimentação, higiene, saúde, educação e comunicação pudessem ser contempladas. E muitos desses hábitos devem permanecer quando a pandemia passar, inclusive a necessidade que temos de estar ao lado de certas pessoas.

Com o passar do tempo, o abraço começou a fazer falta, assim como o olho no olho, a sensação de estar perto de quem se gosta e de quem precisa de você, sejam essas pessoas da sua família, sejam de sua equipe. A forma de se conectar ao mundo mudou, e a importância de nos conectarmos de verdade com as pessoas, também.

Muitas atividades foram paralisadas durante a pandemia, por meio de decisões de lideranças em diferentes instâncias, como o isolamento social, a restrição da mobilidade pelas cidades e o fechamento temporário de alguns serviços e negócios, como as escolas e creches. Sendo assim, a recomendação geral era que as crianças ficassem dentro de casa com seus pais, mães ou responsáveis, sendo que nem todos puderam ser liberados de seu trabalho, pois algumas categorias profissionais não podem parar. Pelo contrário, precisaram aumentar a intensidade de sua atuação, para ajudar a resolver esse novo problema.

Entre esses profissionais estão os médicos e enfermeiros. São homens e mulheres que deixam suas famílias para encontrar pessoas doentes, incluindo aquelas que procuram os hospitais com suspeitas ou já infectadas por esse vírus invisível. Entre as perdas dessa batalha contra o vírus, muitos eram médicos e enfermeiros que estavam na linha de frente, demonstrando que também são heróis de verdade, e aqui aproveito para externar meu profundo respeito e agradecimento a esses profissionais.

Outra categoria que não parou foi a da segurança, incluindo policiais e bombeiros. Durante a pandemia, saímos de casa, deixando esposa e filhos, para cumprir nossa missão, aquela que escolhemos, que nos faz levantar todas as manhãs e da qual o mundo não pode prescindir: salvar vidas.

Ainda estamos vivendo a pandemia, e eu ainda não sei como ou quando ela vai acabar, nem onde esse ônibus vai estar depois que a neblina passar. Não sei se quando você estiver lendo este livro o vírus já terá sido controlado, se uma vacina (prevenção) ou um sistema de tratamento eficaz (ação de salvamento) já estarão disponíveis para todos. Não sei quais serão os números atualizados de doentes e de vítimas fatais, nem o impacto econômico ao chegarmos no final dessa história.

O que eu sei e que posso compartilhar é que grandes desastres e catástrofes como esta podem causar perdas, dor e pânico para muitas pessoas. Quase sempre, acabam revelando como somos vulneráveis e nos mostram que somos todos iguais, isolados dentro de nossas casas ou completamente sujos no meio da lama. Assim, também, são as oportunidades de aprendermos e evoluirmos, intelectual e moralmente, em nossos pensamentos e atitudes, mesmo que você seja "apenas" um dos passageiros. E principalmente se você é o motorista do ônibus durante a neblina.

Por fim, mantendo o desejo e o pensamento positivo de que tudo vai seguir bem, aqui vai a última dica:

Dirija a **vida** com **responsabilidade**.

Um abraço!

Conteúdo complementar

Towards Zero – Transport Accident Commission (TAC) Victoria

Este livro foi composto com tipografia Adobe Garamond Pro e impresso em papel Off-White 90 g/m² na Formato Artes Gráficas.